Sécurité des Systèmes d'Information
Selon OSI

Yann-Eric DEVARS

Solve DSI

Solve DSI

La sécurité des systèmes d'information se retrouve au premier plan des préoccupations des DSI, et elle est désormais l'affaire de tous.

Les menaces qui ciblent les réseaux et les applications ne cessent de croître en sophistication, tout comme les exigences réglementaires.

Un solide socle de connaissances s'avère indispensable pour bâtir et maintenir un système d'information résilient.

Cet ouvrage s'adresse à un lectorat varié : architectes du SI, responsables de la sécurité, directeurs techniques, chefs de projet et toute personne soucieuse d'assurer la robustesse de son infrastructure au sens large.

L'objectif est de fournir une approche complète, organisée autour du modèle OSI, permettant d'appréhender la sécurité sous toutes ses facettes, du câblage jusqu'à la couche applicative.

Le choix de structurer les chapitres selon le modèle OSI découle d'un constat simple : une faille à un seul niveau peut compromettre l'ensemble du dispositif.

Attention tout de même, sans se limiter à une simple vulgarisation, ceci n'est pas un référentiel complet des composantes techniques afin de sécuriser un Système d'Information, les exemples techniques ne servant que d'illustration.

Vous devrez vous renseigner précisément sur chaque sujet technique pour être le plus pertinent possible *d'après votre organisation.*

Au fil des pages, le lecteur découvrira aussi qu'une stratégie de défense efficace ne se limite pas à l'aspect purement technique : elle implique la sensibilisation des acteurs, la gouvernance, la veille continue et une gestion rigoureuse des risques.

Au-delà de la théorie, vous trouverez des conseils pragmatiques, des retours d'expérience et des études de cas concrets.

Chacun des chapitres est conçu pour éclairer les problématiques rencontrées au quotidien par les équipes de conception, les opérationnels et les décideurs.

Qu'il s'agisse de sécuriser un réseau local, de déployer une architecture multicloud ou de protéger une application métier, la démarche reste la même : comprendre les vulnérabilités possibles, mettre en place des parades adaptées et maintenir une veille active sur l'évolution des menaces et des standards de sécurité.

Bonne lecture

Yann-Eric DEVARS

7	**Application**
Présentation	**6**
5	**Session**
Transport	**4**
3	**Réseau**
Liaison de données	**2**
1	**Physique**

Couche 1 : Sécurisation de la couche physique

Introduction

La **couche physique** du modèle OSI (Open Systems Interconnection) représente la base sur laquelle reposent toutes les communications réseau.

C'est à ce niveau que transitent les signaux électriques, optiques ou radio, permettant la transmission de données d'un point à un autre.

On y définit les normes matérielles (câbles, connecteurs, fréquences radio, etc.), les caractéristiques électriques (tension, signal, modulation) et mécaniques (type de connecteurs, format des câbles, disposition physique des équipements).

Dans de nombreux projets, la sécurisation des couches supérieures (logicielles, protocolaires) est considérée comme prioritaire, pourtant, négliger la protection de la couche physique peut provoquer des compromissions graves et parfois difficiles à détecter.

Une simple interruption, une dérivation clandestine du câble ou l'insertion d'un dispositif malveillant sur le chemin physique peuvent aboutir à la perte, la manipulation ou l'espionnage de données critiques.

La mise en place de mesures de sécurité physiques exige une vision d'ensemble : contrôle des accès au bâtiment, surveillance des locaux, gestion des câbles et des points de terminaison, maîtrise des conditions environnementales (température, humidité, prévention incendie), protection de l'alimentation électrique, etc.

Ce chapitre propose donc une analyse détaillée de chaque élément, en insistant sur les bonnes pratiques, la méthodologie et les retours d'expérience du terrain.

1. Contrôle d'accès physique

1.1. Gestion des accès aux bâtiments et aux locaux sensibles

Le point de départ pour sécuriser la couche physique consiste à contrôler rigoureusement l'accès aux infrastructures où se situent les équipements informatiques critiques (centres de données, salles serveurs, zones de câblage).

Ces espaces renferment les composants et connexions indispensables au fonctionnement de tout le système d'information.

- **Systèmes de verrouillage** : La première barrière pour éviter les intrusions est la présence de portes solides, équipées de serrures de haute sécurité ou de dispositifs électroniques (clavier à code, badges RFID*, badges magnétiques, solutions biométriques).

  Le contrôle d'accès peut être géré par un système centralisé, qui enregistre les identifiants des utilisateurs, les heures d'entrée et de sortie, et qui peut être paramétré pour limiter les accès à certaines plages horaires ou selon les besoins de l'activité : urgences, maintenance programmée etc.

- **Badges nominatifs et authentification** : L'émission de badges nominatifs, attribués de façon individuelle et personnelle à chaque collaborateur ou prestataire, constitue un moyen efficace pour tracer les allées et venues.

On peut coupler ce badge à un code PIN ou à un système biométrique (empreinte digitale, reconnaissance faciale, etc.) pour renforcer l'authentification.

Dans ce contexte, la gestion du cycle de vie des badges (création, attribution, renouvellement, révocation) doit être rigoureuse.

- **Gestion des visiteurs et des prestataires** : Les personnes extérieures (livreurs, auditeurs, prestataires de maintenance) ne doivent pas accéder librement aux salles sensibles.

RFID* : Méthode d'identification à distance à l'aide de marqueurs et de lecteurs de radiofréquences.

Elles devront être accompagnées, enregistrées et munies d'un badge temporaire ou limité à une zone spécifique.

Une bonne pratique consiste à consigner leur entrée et leur sortie dans un registre (papier ou numérique), et à recueillir leur signature pour attester de leur passage.

- **Sécurisation multi-niveau** : Dans un centre de données de grande envergure, plusieurs niveaux de filtrage se succèdent : l'entrée générale du bâtiment, l'accès à l'étage ou la zone technique, puis l'accès à la salle serveurs proprement dite.

À chaque niveau, des contrôles d'accès distincts peuvent exiger des méthodes d'authentification différentes, renforçant la sécurité globale.

1.2. Vidéosurveillance et dispositifs de dissuasion

La vidéosurveillance est un élément indispensable pour compléter le dispositif de verrouillage.

Les caméras, idéalement placées à chaque point d'entrée, permettent de détecter rapidement toute présence suspecte et d'enregistrer des preuves visuelles en cas d'incident.

- **Position stratégique des caméras** : Les caméras doivent couvrir les zones les plus importantes (accès principal, locaux techniques, issues de secours, couloirs menant aux salles informatiques, etc.).

  Il est recommandé de limiter les angles morts et de privilégier des caméras haute résolution.

- **Stockage et rétention des enregistrements** : Les images enregistrées doivent être conservées selon une politique de rétention adaptée au risque (plusieurs jours, semaines ou mois).

  Les dispositifs de stockage peuvent être localisés sur un serveur NAS/RAID* à l'extérieur de la pièce surveillée, afin de prévenir la destruction des preuves en cas de sabotage physique.

- **Surveillance active ou passive** : Dans certains environnements critiques (banques, organismes gouvernementaux, sites industriels stratégiques), un service de sécurité peut assurer une surveillance en temps réel des caméras.

  Dans d'autres contextes, on se contente d'une surveillance passive, où les enregistrements ne sont consultés qu'a posteriori pour enquêter sur un incident.

NAS/RAID* : Systèmes de stockage avec une intelligence pour le partage et parfois la classification

- **Signalétique et effet dissuasif** : L'affichage de panneaux indiquant la présence d'un dispositif de vidéosurveillance constitue souvent un moyen de dissuasion efficace.

  Les intrus potentiels savent qu'ils pourront être filmés et identifiés.

1.3. Présence d'un service de sécurité sur site

Dans les structures de grande taille ou sensibles, une équipe de sécurité (agents, vigiles) peut être chargée de contrôler physiquement les accès et de patrouiller dans les zones sensibles.

Leur rôle est d'intervenir rapidement en cas de comportements suspects, de vérifier que les portes ne sont pas laissées ouvertes, d'empêcher l'introduction d'objets illicites, etc.

- **Contrôle manuel des badges et identité** : Les agents peuvent demander l'identité et les justificatifs des personnes entrant dans une salle serveurs.

  En cas de doute, ils peuvent contacter les responsables internes pour obtenir une confirmation.

- **Gestion des livraisons et du matériel entrant** : Tout matériel (serveurs, équipements réseau) livré sur site doit être inspecté.

  Il arrive que des dispositifs malveillants soient introduits sous couvert de matériel légitime.

- **Rondes et inspections** : Des rondes régulières, à horaires aléatoires, permettent de vérifier l'intégrité des portes, des baies de brassage, et de repérer d'éventuels signaux d'alerte (câbles débranchés, odeur de brûlé, etc.).

Des formations sont parfois nécessaires sur les modifications de configuration pour les gardiens ainsi que la planification des revues de check-lists.

2. Protection et gestion du câblage

2.1. Organisation et documentation du câblage

Le câblage réseau, qu'il soit cuivre ou fibre optique, représente la colonne vertébrale de la couche physique.

Sa protection contre le sabotage, le branchement non autorisé ou l'interception des signaux est donc nécessaire.

- **Plan de câblage documenté** : Chaque connexion, chaque route de câble, chaque prise réseau doit être rigoureusement répertoriée.

  On établit généralement un schéma de câblage (ou plan de brassage) décrivant l'emplacement et l'identifiant de chaque point de terminaison.

  Cette documentation facilite la maintenance et l'audit.

- **Étiquetage clair et cohérent** : Les câbles (RJ45, fibre) et les panneaux de brassage sont souvent munis d'étiquettes indiquant la destination et l'origine.

  Une nomenclature cohérente (ex. Bâtiment/Étage/Salle-Baie/Port) réduit le risque d'erreur lors des interventions et contribue à repérer rapidement un câble défectueux ou mal branché.

2.2. Chemins de câbles sécurisés et inaccessibles

- **Goulottes, conduits et faux planchers** : Pour empêcher qu'un individu malintentionné n'accède facilement aux câbles, on recourt à des chemins protégés.

  Les goulottes métalliques fermées, les conduits enterrés ou les faux planchers limitent la manipulation directe des liaisons.

  Dans certaines configurations, on installe des barrières infra-rouges ou des détecteurs de vibrations dans ces passages pour signaler toute ouverture ou intrusion.

- **Consolidation des points de brassage** : Il est préférable de centraliser les points de distribution réseau dans des armoires verrouillables.

  Les salles de brassage intermédiaires, souvent situées à différents étages, doivent également être sécurisées par un contrôle d'accès (serrure à clé ou badge).

- **Éviter les trajets non contrôlés** : Les câbles ne devraient pas passer par des zones où circulent du public ou des tiers non autorisés.

  En cas d'impossibilité, il est alors essentiel de recourir à des solutions de blindage et de surveillance régulière.

2.3. Blindage et isolation des câbles

La transmission de données sur un support cuivre (paires torsadées, coaxial) est sensible aux interférences électromagnétiques (EMI) et peut être sujette à des écoutes clandestines.

Pour pallier ces risques :

- **Câbles blindés (STP, FTP, S/FTP*)** : Le blindage (Feuille, Tresse, etc.) réduit grandement les perturbations électromagnétiques.

Il est particulièrement recommandé dans les environnements industriels ou lorsqu'on craint la proximité de câbles haute tension.

STP, FTP, S/FTP* : Câbles blindés (feuilles, tresses etc.)

- **Fibre optique** : La fibre optique est à la fois plus rapide et plus sûre contre l'écoute passive (par induction ou rayonnement).

  Extraire le signal optique requiert un équipement spécialisé et implique souvent de rompre le câble, ce qui est plus facilement détectable.

  Attention tout de même aux Etats ennemis qui possèdent des moyens capables d'écoutes de proximité sur les fibres optiques.

- **Distance de sécurité** : On évite de faire circuler les câbles réseau parallèlement à des conduites électriques fortes ou des dispositifs générant un champ électromagnétique important.

  Des réglementations (comme celles de la TIA/EIA*) indiquent les distances minimales ou les séparations requises.

2.4. Sécurisation des points de terminaison

- **Boîtiers et verrous de prises RJ45** : Les points d'accès muraux peuvent être protégés par des boîtiers verrouillables, empêchant le branchement arbitraire d'un périphérique.

  Il existe également des bloque-port (port lock) qui se clipsent sur la prise RJ45 pour la rendre inopérante.

TIA/EIA* : Standards de réseau

- **Surveillance des ports actifs** : Au niveau du commutateur, toute prise réseau inutilisée doit être administrativement désactivée.

De plus, l'utilisation de protocoles de protection comme 802.1X (authentification par port) aide à vérifier l'identité de l'appareil qui se connecte et à refuser l'accès si celui-ci n'est pas reconnu.

- **Détection d'attaques par usurpation** : Certains mécanismes d'inspection (ARP* inspection, DHCP* Snooping*, IP Source Guard) contribuent à repérer un périphérique malveillant tentant d'intercepter le trafic à la racine, au niveau même de la couche physique et de la couche liaison.

3. Mesures environnementales

3.1. Gestion de la température et de la climatisation

Les équipements de la couche physique (routeurs, commutateurs, serveurs, etc.) fonctionnent dans une plage de température précise.

Une surchauffe peut entraîner l'arrêt brutal des systèmes ou des dégradations matérielles.
C'est d'ailleurs un cas assez fréquent.

ARP* : Résolution de protocole
DHCP* : Attribution dynamique d'adresses
Snooping* : Espionnage

- **Systèmes de climatisation redondants** : Dans les environnements critiques, deux (voire plusieurs) circuits de climatisation sont en place pour assurer une continuité de service en cas de panne.

  Ces systèmes sont parfois couplés à un monitoring centralisé avertissant l'équipe en cas de dépassement de température.

- **Surveillance continue** : Des capteurs de température placés à différents points (haut, milieu et bas de la baie, entrée et sortie d'air) permettent de disposer d'un relevé précis.

  L'analyse en temps réel de ces données aide à identifier rapidement une anomalie (point chaud localisé, dysfonctionnement d'un climatiseur, etc.).

- **Flux d'air maîtrisé** : L'organisation en couloirs chauds et couloirs froids dans les salles serveurs aide à optimiser la circulation de l'air.

  Les allées sont compartimentées pour séparer l'air frais injecté à l'avant des baies de l'air chaud rejeté à l'arrière, réduisant le risque de surchauffe générale.

3.2. Contrôle de l'humidité

- **Risques liés à une humidité trop faible** : L'air sec favorise l'accumulation d'électricité statique.

  Un simple déchargement électrostatique peut endommager des composants sensibles.

  Des tapis antistatiques, des bracelets de mise à la terre et une humidité relative adéquate (généralement autour de 40-50 %) sont vivement recommandés.

- **Risques liés à une humidité trop élevée** : L'excès d'humidité peut provoquer de la condensation et de la corrosion sur les cartes électroniques.

  Les systèmes de climatisation avancés intègrent souvent des fonctionnalités de déshumidification pour maintenir un taux stable.

3.3. Détection et prévention des incendies

Les serveurs, alimentations et commutateurs dégagent beaucoup de chaleur.

Combinée à la présence de câbles et d'éléments plastiques, la salle informatique peut devenir un foyer potentiel d'incendie si les précautions ne sont pas prises.

- **Détection précoce (VESDA)** : Les systèmes VESDA (Very Early Smoke Detection Apparatus) analysent en continu l'air ambiant, à la recherche de particules de fumée, pour déclencher une alarme très tôt, avant qu'un incendie ne se propage.

- **Extincteurs adaptés** : Les extincteurs à gaz inerte (pour étouffer le feu es supprimant l'oxygène) ou à aérosol condensé sont privilégiés pour éteindre un feu sans endommager les équipements.

  Les extincteurs à eau ou à poudre doivent être manipulés avec précaution, car ils peuvent causer des dégâts irréversibles sur le matériel.

- **Systèmes d'extinction automatique** : Dans une salle serveurs de grande taille, un système d'extinction automatique peut être installé, se déclenchant immédiatement après la détection d'incendie.

  Les agents extincteurs sont libérés sous pression pour étouffer le feu rapidement.

- **Plan d'évacuation** : Au-delà de la protection des équipements, on ne doit pas oublier la sécurité des personnes (qui sont de moins en moins présentes dans les salles serveur).

Des issues de secours claires, des éclairages de sécurité et des exercices d'évacuation réguliers constituent des éléments fondamentaux de la sécurité physique.

3.4. Protection contre les inondations et fuites

L'eau, que ce soit sous forme de fuite ou d'infiltration, constitue l'un des pires ennemis d'un centre de données.

- **Choix de l'emplacement** : Éviter, dans la mesure du possible, d'installer la salle serveurs en sous-sol ou dans une zone sujette aux crues.
  Ne riez pas, j'ai vu cela très souvent.

  Il est préférable de la positionner à un étage intermédiaire, éloignée des canalisations d'eau.

- **Surveillance des systèmes de climatisation** : Les climatiseurs, s'ils sont défaillants, peuvent générer des fuites d'eau.

  Des détecteurs d'humidité (ou de niveau d'eau) placés au sol ou dans les bacs de rétention aident à prévenir les dommages majeurs.

- **Gestion des canalisations** : Les conduites d'eau, de chauffage, ou de refroidissement ne doivent pas traverser directement la salle serveurs.

  Si c'est inévitable, il faut installer des systèmes de détection de fuite et des canalisations de haute qualité, régulièrement inspectées.

4. Sécurité électrique

4.1. Continuité de l'alimentation : onduleurs et groupes électrogènes

Une panne de courant peut interrompre brutalement toutes les activités numériques, causant des pertes de données et des dysfonctionnements sévères.

- **Onduleurs** : Ils constituent la première ligne de défense contre les microcoupures et les baisses de tension.
  L'onduleur, dimensionné en fonction de la charge totale, doit offrir une autonomie suffisante pour permettre la bascule vers un groupe électrogène ou le déclenchement d'un arrêt contrôlé des équipements.

- **Groupe électrogène** : Dans les infrastructures critiques (hôpitaux, organismes financiers), un groupe électrogène prend le relais de l'onduleur si la coupure se prolonge.
  Il doit faire l'objet de tests de démarrage réguliers pour garantir sa fiabilité.

  Le combustible (diesel, gaz naturel) doit être stocké en quantité suffisante et renouvelé pour éviter la dégradation.

- **Équilibrage et redondance** : La distribution électrique doit être conçue pour éviter un point de défaillance unique (Single Point Of Failure, SPOF).

  Par exemple, deux alimentations distinctes peuvent être fournies aux serveurs critiques, chacune raccordée à un onduleur et un groupe électrogène différents.

4.2. Protection contre les surtensions et la foudre

- **Parafoudres** : Les parafoudres s'installent en amont de l'alimentation pour dériver l'excès d'énergie vers la terre en cas d'impact de foudre ou de surtension sur le réseau électrique. Il est essentiel de vérifier régulièrement leur état, car ils peuvent se dégrader après un certain nombre d'impulsions.

- **Parasurtenseurs** : À l'échelle plus fine, on peut installer des barrettes ou blocs multiprises avec parasurtenseur pour protéger chaque baie ou chaque équipement critique.

- **Mise à la terre** : Une bonne mise à la terre est indispensable pour écouler les surcharges électriques et éviter l'accumulation de potentiel.
  Les normes (telles que NF C 15-100 avec sa série *de 21 normes en France*) encadrent la résistance maximale de la terre et la section des conducteurs.

4.3. Maintenances et audits électriques

- **Relevés de charge** : Un électricien spécialisé effectue régulièrement des mesures d'intensité, de tension et de répartition de la charge sur chaque phase.
  Ceci permet de vérifier qu'on ne dépasse pas les capacités nominales des circuits.

- **Thermographie infrarouge** : Une caméra thermique peut détecter les points chauds sur les câbles, les disjoncteurs, les borniers ou les transformateurs.

  Ces anomalies sont souvent le signe d'un mauvais serrage ou d'une défaillance imminente.

- **Vérification de la conformité** : Les installations électriques doivent respecter les règles en vigueur, non seulement pour la sécurité du matériel, mais aussi pour la protection des personnes.

Des audits ponctuels, menés par un organisme certifié, peuvent être exigés par les assurances ou la réglementation.

5. Protection des équipements et du matériel

5.1. Baies, armoires et racks verrouillés

Dans les salles serveurs et les locaux techniques, les équipements (serveurs, commutateurs, routeurs, onduleurs) sont souvent regroupés dans des armoires ou baies spécialement conçues à cet effet.

- **Systèmes de verrouillage** : Une baie fermée à clé ou à code empêche l'accès direct aux ports et aux câbles.

  Certaines armoires haut de gamme intègrent même des serrures électroniques, associées à un contrôle d'accès par badge ou code.

- **Organisation interne** : Pour minimiser les risques d'erreur ou d'incident, on range les câbles, on fixe correctement les serveurs, et on veille à l'accessibilité des éléments critiques.

  Des guides-câbles permettent de maintenir l'ordre et de réduire les tensions sur les connectiques : pas d'économies sur ce point.

- **Caméras internes** : Certaines organisations installent une caméra à l'intérieur des baies ou armoires pour détecter toute ouverture non autorisée.

  Cela peut être couplé à un capteur qui envoie une alerte quand la porte est déverrouillée.

5.2. Sécurisation des ports et interfaces

Même si les baies sont verrouillées, il peut y avoir des ports d'accès en façade ou des commutateurs partiellement exposés.

- **Désactivation des ports inutilisés** : Au niveau du commutateur, *chaque port non affecté à un service doit être administrativement désactivé pour éviter qu'un intrus ne se branche facilement.*

- **Gestion dynamique des VLAN* et filtrage MAC*** : On peut configurer des règles visant à n'autoriser qu'une liste d'adresses MAC connues sur un port donné, et isoler tout trafic inconnu dans un VLAN de quarantaine.

- **Détection de boucles et d'attaques de niveau 2** : Des mécanismes comme STP (Spanning Tree Protocol), BPDU* Guard, ou Port Security protègent l'infrastructure contre la création de boucles réseau accidentelles ou malveillantes, susceptibles de saturer le réseau.

5.3. Inventaire et gestion du cycle de vie du matériel

- **Étiquetage et suivi** : Chaque équipement possède une référence unique (numéro de série, code barre, étiquette RFID) associée à une base de données recensant sa date d'acquisition, sa localisation, son état, et ses mouvements. Ceci facilite la traçabilité et la maintenance préventive.

VLAN* : Connexion virtualisée qui connecte plusieurs périphériques et nœuds de réseau de différents réseaux locaux en un seul réseau logique.

MAC* : Numéro hexadécimal à 12 chiffres attribué à chaque appareil connecté au réseau.

BPDU* : Message de données transmis sur un réseau local pour détecter les boucles dans les topologies de réseau.

- **Gestion des stocks de rechange** : Dans une démarche de continuité d'activité, certaines pièces de rechange (alimentations, modules optiques, câbles spécifiques) doivent être conservées en stock, sous clé, pour un remplacement rapide en cas de panne.

- **Retrait et destruction sécurisée** : En fin de vie, les équipements de la couche physique (commutateurs, câblage, serveurs) doivent être mis au rebut selon des procédures sécurisées. Les données résiduelles peuvent être stockées sur des supports (mémoire flash des équipements, disques durs de serveurs), un effacement conforme pour la destruction de données) ou une destruction physique est alors nécessaire et doit être traçable par PV (procès-verbal, écrit) à minima.

6. Surveillances et audits réguliers

6.1. Audits de sécurité physiques programmés

Au-delà de la mise en place initiale, la sécurité doit être évaluée périodiquement pour s'adapter aux changements organisationnels, technologiques ou réglementaires.

- **Évaluation des risques** : L'audit commence souvent par une analyse de risques mettant en regard les menaces (vol, sabotage, incendie, inondation, etc.) et les vulnérabilités (absence de contrôle d'accès, lacunes dans la vidéosurveillance, insuffisance de redondance électrique). *Il en résulte un plan d'action priorisé.*

- **Vérification de la conformité** : Les auditeurs vérifient la présence et le bon fonctionnement des dispositifs (caméras, serrures, systèmes de détection incendie, alarmes, etc.). Ils examinent également la documentation (journaux d'accès, historiques de maintenance) et peuvent procéder à des tests de pénétration physique (tentatives d'intrusion contrôlées).

- **Rapport et mesures correctives** : À la fin de l'audit, un rapport détaillé précise les points forts, les faiblesses, et propose des recommandations concrètes.
  Un plan d'action, validé par la direction, permet de mettre en œuvre les améliorations nécessaires sur le court, moyen et long terme.

6.2. Tests de vulnérabilité et simulations d'incidents

- **Intrusions physiques simulées** : Un test d'intrusion physique (pen test* physique) peut être mené par des experts externes ou internes.
  Ils vont tenter de passer les contrôles d'accès, de contourner les caméras, ou d'accéder aux baies de serveurs.
  Pen test* : test de pénétration
  Le but n'est pas de casser ou de dérober, mais d'identifier et de documenter les failles réelles.

- **Scénarios de crise** : Les exercices de gestion de crise (incendie, panne de courant totale, sabotage, etc.) permettent de tester la réactivité des équipes et l'efficacité des procédures en place.
  Il est ainsi possible d'améliorer la coordination entre les différents acteurs (sécurité, DSI, direction).

- **Supervision continue** : Dans certains contextes, on met en place des solutions de supervision (BMS*, Building Management System, DCIM, Data Center Infrastructure Management) qui centralisent et analysent en temps réel les informations relatives à la climatisation, l'alimentation électrique, la détection d'incendie, etc.
  Cette approche permet d'agir rapidement en cas de défaillance ou d'incident.

BMS* : Système de contrôle qui peut être utilisé pour surveiller et gérer les systèmes et services mécaniques, électriques et électromécaniques d'une installation.

7. Conclusion

La protection de la couche physique est essentielle dans toute stratégie de sécurité.

Si la plupart des entreprises accordent une attention soutenue aux volets logiciels et réseau (firewalls, antivirus, gestion des identités et accès), il est fondamental de ne pas sous-estimer le risque découlant d'une faille matérielle ou d'un sabotage direct.

En assurant un **contrôle d'accès strict** (portails, portes, serrures, biométrie, vidéosurveillance), en **protégeant le câblage** (blindage, chemins sécurisés, documentation minutieuse), en **maîtrisant l'environnement** (température, humidité, détection incendie), en **garantissant la stabilité de l'alimentation électrique** (onduleurs, groupes électrogènes, parafoudres) et en **sécurisant physiquement les équipements** (baies verrouillées, ports désactivés, inventaire rigoureux), on réduit sensiblement la surface d'attaque et le risque de panne non planifiée.

Pour autant, rien n'est jamais acquis : la sécurité physique requiert un suivi constant, des **audits périodiques**, des **tests de vulnérabilité** et une culture organisationnelle qui valorise la **vigilance et la proactivité**.

Solve DSI

Les procédures doivent évoluer pour refléter les innovations technologiques (nouvelles normes de câblage, nouveaux standards de mise à la terre ou de refroidissement), de même que pour s'adapter aux menaces émergentes (par exemple, de nouveaux types de dispositifs d'interception optique ou électromagnétique).

Dans le cadre d'une approche globale, la sécurité de la couche physique devient un socle robuste, sur lequel les couches supérieures (liaison, réseau, transport, session, présentation, application) peuvent s'appuyer pour offrir la **fiabilité**, la **disponibilité** et la **confidentialité** nécessaires au bon fonctionnement du système d'information.

En veillant avec soin à l'intégrité du maillon le plus concret de votre architecture, vous investissez dans la pérennité et la résilience de l'ensemble de votre infrastructure.

Couche 2 : Sécurisation de la couche liaison de données

Introduction

La **deuxième couche** du modèle OSI, appelée **couche Liaison de données**, joue un rôle fondamental dans la transmission fiable des données entre deux nœuds adjacents d'un réseau.

C'est à ce niveau que les données sont encapsulées dans des **trames** (frames) et que sont gérés, entre autres, la détection et la correction d'erreurs propres au lien.

La couche Liaison de données inclut un éventail de protocoles (Ethernet, PPP, HDLC, Frame Relay, etc.), même si dans la pratique, l'**Ethernet** domine largement la plupart des réseaux locaux (LAN).

Assurer la sécurité à ce niveau est tout aussi important : une attaque ou une faille d'exploitation dans la couche « liaison » peut se traduire par une compromission complète du réseau local.

Par exemple, un attaquant pourrait usurper des adresses MAC (usurpation), détourner du trafic via un empoisonnement ARP (ARP poisoning), générer des tempêtes de broadcast par une manipulation du protocole Spanning Tree Protocol (STP), ou encore s'introduire dans des VLAN auxquels il n'est pas censé avoir accès (VLAN hopping*).

L'objectif de ce chapitre est de détailler, avec la même précision que précédemment, les principaux mécanismes de sécurisation de la couche *Liaison de données*.

Nous passerons en revue les **menaces spécifiques** à cette couche, les **dispositifs de protection** natifs ou complémentaires (802.1X, filtration MAC, ARP Inspection, etc.), les **bonnes pratiques** pour organiser la segmentation du réseau (VLAN), et les **tests d'audit** pour valider l'efficacité des mesures en place.

L'idée est de fournir un canevas d'actions claires et détaillées permettant de fortifier la couche 2 contre les intrusions et malveillances, tout en garantissant la disponibilité et l'intégrité des communications au sein du LAN.

1. Rappels sur la couche Liaison de données

Avant d'explorer en profondeur les mécanismes de sécurisation, il convient de rappeler rapidement les fonctions essentielles remplies par la couche 2.

Hopping* : Mouvement de données entre deux périphériques réseau.

1. **Encapsulation en trames** : La couche Liaison récupère les segments ou paquets issus des couches supérieures, puis les encapsule dans des trames (Ethernet*, PPP*, etc.).
   Une trame contient en général :

   o Des en-têtes (header) et éventuellement un champ de contrôle (trailer)

   o L'adresse MAC source et l'adresse MAC destination (pour Ethernet)

   o Un champ d'identification du protocole de couche supérieure (EtherType)

2. **Contrôle d'erreurs de base** : Les trames Ethernet incluent un champ FCS (Frame Check Sequence) qui utilise souvent le

CRC-32 pour détecter les corruptions.

Ainsi, la carte réseau réceptrice peut rejeter les trames erronées.

3. **Gestion de la topologie locale** : Les dispositifs de couche 2 (commutateurs, ponts, points d'accès Wi-Fi) doivent apprendre les adresses MAC présentes sur chaque port (via la table CAM ou MAC address table).

Ethernet* : Technologie traditionnelle de connexion d'appareils dans un réseau local câblé (LAN) ou un réseau étendu

PPP* : Suite de protocoles de communication informatique qui fournissent un moyen standard de transporter des données multiprotocoles sur des liaisons point à point.

Les protocoles tels que Spanning Tree (STP, RSTP) régulent la topologie physique pour éviter les boucles.

4. **Segmentation du réseau** : Grâce à la technologie VLAN (Virtual LAN), on peut segmenter un réseau physique en plusieurs réseaux logiques indépendants, offrant une meilleure organisation et des améliorations notables en matière de sécurité et de performances.

5. **Contrôle d'accès** : Certains mécanismes de sécurité se situent déjà au niveau de la couche 2 (filtrage MAC, 802.1X, etc.).

Ces mécanismes visent à empêcher qu'un poste non autorisé puisse échanger des trames sur un LAN* ou un segment donné.

La sécurisation de la couche Liaison va donc s'articuler autour de l'intégrité (éviter la modification ou l'interception non autorisée des trames), la disponibilité (prévenir toute coupure ou saturation du

réseau local), et la confidentialité (limiter l'exposition des données qui circulent dans la trame).

LAN* : Ensemble d'appareils connectés ensemble dans un même lieu physique, tel qu'un bâtiment, un bureau ou une maison.

2. Principales menaces à la couche Liaison

Les attaques visant la couche 2 tirent parti de la proximité généralement plus grande entre les machines d'un réseau local, *elles exploitent aussi la confiance implicite que la plupart des infrastructures accordent au trafic interne.*

Parmi les menaces les plus courantes :

1. **Usurpation d'adresse MAC (MAC spoofing*)**
   Un attaquant peut configurer son interface réseau pour adopter l'adresse MAC d'un autre équipement légitime.

   Cette technique permet, par exemple, de contourner des filtrages MAC mal configurés ou d'intercepter du trafic destiné à la machine usurpée.

2. **ARP poisoning / ARP spoofing**
   Le protocole ARP (Address Resolution Protocol) associe une adresse IP à une adresse MAC.

   Il est malheureusement dépourvu de mécanismes de sécurité : n'importe quel hôte peut envoyer une réponse ARP non sollicitée pour indiquer qu'une certaine adresse IP est liée à sa propre MAC.

Spoofing* : Lorsque les cybercriminels utilisent la tromperie pour se faire passer pour une autre personne ou source d'information

Cette attaque permet de se positionner en intermédiaire (man in the middle) ou de perturber le trafic d'un réseau local.

3. **Attaques contre les VLAN (VLAN hopping)**
   Par des techniques de double étiquetage (double tagging) ou en exploitant les ports trunk* mal configurés, un attaquant peut accéder à un VLAN qui n'est théoriquement pas le sien.

   Cela compromet l'isolement logique entre différents segments du réseau.

4. **Saturation de la table Content Addressable Memory (CAM table overflow)**
   Les commutateurs conservent dans une table CAM les adresses MAC apprises sur chaque port.

   Si cette table est saturée (via l'envoi massif de trames avec des MAC sources aléatoires), le commutateur peut basculer en mode "hub", diffusant le trafic sur tous ses ports.

   L'attaquant peut alors écouter un grand nombre de communications.

Port Trunk* :
Port spécifique sur un commutateur configuré pour transmettre le trafic de données pour plusieurs VLAN (réseaux locaux virtuels) en encapsulant le trafic avec des balises VLAN uniques

5. **Manipulation du protocole Spanning Tree**

   STP (Spanning Tree Protocol) est chargé d'éliminer les boucles dans un réseau de commutation.

   Cependant, un hôte malveillant pourrait envoyer des BPDUs (Bridge Protocol Data Units) falsifiés pour s'ériger en racine du spanning tree (Root Bridge), réorientant ainsi le trafic et créant potentiellement des points d'écoute *ou des instabilités dans le réseau.*

6. **Attaques de type broadcast storm et inondation**

   Une mauvaise configuration des commutateurs, couplée à un protocole STP mal paramétré ou des VLAN mal cloisonnés, peut conduire à des tempêtes de broadcast, rendant le réseau localement inutilisable (déni de service).

3. Mesures de base pour la sécurisation de la couche Liaison

3.1. Filtrage et limitation des adresses MAC

- **MAC Address Filtering** : La plupart des commutateurs gérés permettent de restreindre le trafic sur un port à une ou plusieurs adresses MAC autorisées.

  En mode statique, l'administrateur inscrit manuellement les MAC attendues.

  En mode dynamique, le commutateur peut apprendre la première ou les premières adresses MAC et bloquer toute nouvelle MAC au-delà d'une limite définie.

  - *Avantage* : Empêche quelqu'un de brancher un appareil inconnu sur un port physique.

Solve DSI

- o *Limite* : L'usurpation de MAC reste possible si le port autorise plus d'une adresse dynamique ou si l'attaquant réussit à deviner l'adresse autorisée.

- **Port Security** (Cisco) : Sur du matériel Cisco, la fonctionnalité Port Security propose différents modes (protect, restrict, shutdown) pour gérer la réaction du switch quand il détecte une adresse MAC non autorisée.

  Le plus radical, "shutdown", désactive immédiatement le port incriminé, nécessitant une intervention manuelle pour le rouvrir.

- **Détection d'attaques CAM** : Des mécanismes intégrés (par exemple, Cisco "Dynamic ARP Inspection" ou "DHCP Snooping", abordés plus loin) peuvent également surveiller la saturation de la table CAM et générer des alertes ou bloquer le trafic suspect.

3.2. Authentification 802.1X (Port-based network access control)

La norme **IEEE 802.1X** repose sur trois entités :

- **Supplicant** : le poste client qui cherche à se connecter.

- **Authenticator** : généralement, le commutateur ou le point d'accès Wi-Fi, qui agit comme "gardien" du port.

- **Authentication Server** : un serveur RADIUS ou EAP, hébergé sur un serveur distant, qui valide l'identité du client.

Une fois un poste branché sur un port configuré en 802.1X, ce dernier reste en état "non authentifié" et ne laisse passer que le trafic EAPOL* (EAP over LAN) nécessaire pour l'authentification.

Si l'authentification réussit (via mot de passe, certificat, voire authentification forte), le port bascule en état "authentifié" et autorise alors les échanges de trames ordinaires.

EAPOL* : Protocole d'authentification de port réseau utilisé dans IEEE 802.1X (Port Based Network Access Control) développé pour fournir une connexion réseau générique pour accéder aux ressources réseau.

- **Avantages** :

    o Empêche quiconque ne disposant pas de la bonne identité (certificat, identifiants) de se connecter sur le port.

    o S'intègre bien avec des solutions NAC (Network Access Control) *qui évaluent aussi la conformité du poste* (antivirus à jour, OS patché, etc.) avant de lui accorder l'accès.

- **Contraintes** :

    o *Configuration et maintenance plus complexes*, surtout dans un environnement mixte (PC, terminaux divers, IoT).

    o Les équipements réseau doivent être compatibles 802.1X, de même que les postes clients.

3.3. Segmentation et VLAN

La création de VLAN permet de cloisonner logiquement les différents départements, groupes d'utilisateurs ou services (ex. VLAN Admin, VLAN Finance, VLAN Invités). D'un point de vue sécurité :

- **Principe d'autorisation minimale** : Les utilisateurs d'un VLAN ne peuvent pas communiquer directement avec un autre VLAN, sauf si un routage est mis en place au niveau de la couche 3 (ou via un pare-feu de niveau 3/4).

- **Réduction de l'exposition** : En segmentant le réseau, on limite la propagation d'attaques internes (ex. ARP poisoning) qui resteront confinées à un VLAN plutôt qu'à l'ensemble du LAN.

- **Meilleure maîtrise du broadcast** : Les broadcast (comme ARP) se limitent au VLAN local, ce qui améliore la performance et la sécurité.

Toutefois, la configuration des VLAN doit être rigoureuse pour éviter le **VLAN hopping** via des trunk mal configurés (ports en mode "auto" ou "dynamic desirable" sous Cisco) ou des trames taguées doublement.

Nous y reviendrons plus en détail.

3.4. Protocoles de surveillance et d'inspection

- **ARP Inspection / ARP Guard** : Permet de vérifier la cohérence entre adresses IP et MAC en se basant sur une base de données fiable (généralement fournie par DHCP Snooping).

  Si une trame ARP ne correspond pas à l'entrée légitime, elle est bloquée.

- **DHCP Snooping** : Surveille et contrôle le trafic DHCP.

  Le commutateur peut distinguer les ports "trustés" (vers le serveur DHCP légitime) des ports non fiables (utilisés par les clients).

  Les offres DHCP suspectes (provenant d'un "faux" serveur DHCP) sont filtrées.

- **IP Source Guard** : Vérifie que l'adresse IP source de chaque trame correspond bien à l'adresse MAC et au port sur lequel elle a été allouée.

  Empêche en principe l'usurpation d'adresses IP sur un même VLAN.

4. Gestion sécurisée du Spanning Tree

Le protocole **Spanning Tree** (STP) est conçu pour éviter les boucles dans un réseau de commutation en désactivant certains liens redondants.

Les variantes modernes, comme **RSTP** (Rapid Spanning Tree Protocol) ou **MSTP** (Multiple Spanning Tree Protocol), améliorent la rapidité de convergence et l'évolutivité.

Cependant, si STP est mal protégé, un attaquant peut injecter de faux BPDUs (Bridge Protocol Data Units) et se faire élire comme pont racine, redirigeant potentiellement une partie du trafic via sa machine.

Pour prévenir cela :

1. **Root Guard** : Empêche un port configuré comme "désigné" de devenir racine.

   Si un commutateur reçoit des BPDUs prétendant devenir la racine sur ce port, il bloque ce dernier.

2. **BPDU Guard** : Détecte l'arrivée de BPDUs sur un port qui ne devrait pas en recevoir.

   En cas de réception de BPDU, le port est mis en erreur pour éviter tout risque de basculement de topologie malveillant ou accidentel.

3. **BPDU Filter** : Peut ignorer ou filtrer les BPDUs sur certains ports spécifiques, souvent ceux connectés à des machines finales.

4. **Loop Guard** : Évite les boucles non détectées causées par la disparition inattendue de BPDUs sur un lien.

5. **Réglage des priorités** : S'assurer que le commutateur censé être la racine du spanning tree ait une priorité plus basse que les autres, afin d'éviter qu'un nouveau commutateur mal configuré ne prenne cette place.

Ces mécanismes permettent de **verrouiller** la topologie de couche 2, d'empêcher les changements intempestifs et de garantir la stabilité du réseau.

5. Sécurisation avancée des VLAN

Le concept de **VLAN** est central pour la segmentation.

Cependant, une mauvaise configuration peut conduire à des attaques de type VLAN hopping : l'attaquant parvient à accéder à un VLAN censé lui être interdit.

5.1. Étiquetage (tagging) 802.1Q et Trunks

- **802.1Q** : Ce protocole insère un tag VLAN dans la trame Ethernet pour indiquer à quel VLAN la trame appartient.

  Sur les ports en mode trunk, plusieurs VLAN peuvent transiter simultanément.

- **Risques** :

  o **Attaque par double tagging** : L'attaquant envoie une trame avec deux tags VLAN imbriqués.

Le premier tag est retiré par le premier commutateur, le second tag peut "rediriger" la trame vers un VLAN interne inattendu.

o **Ports trunk en mode automatique** : Sur certains matériels (Cisco notamment), un port en mode "dynamic auto" ou "dynamic desirable" peut être forcé en trunk par un appareil malveillant, donnant accès à d'autres VLAN.

5.2. Bonnes pratiques pour les VLAN

1. **Désactiver DTP (Dynamic Trunking Protocol)** : Sur un réseau Cisco, désactiver le protocole DTP sur tous les ports ne devant pas négocier un trunk.

   En forçant chaque port en "mode access" avec un VLAN spécifique, on élimine les possibilités de trunk non autorisé.

2. **Configurer un VLAN natif (VLAN par défaut) isolé** : Le VLAN natif (non tagué) ne doit pas être utilisé pour le trafic de production.

   Il est généralement recommandé de le réserver à un usage "inerte" pour limiter les attaques de double tagging.

3. **Étiqueter explicitement tous les VLAN** : Éviter de laisser le VLAN natif sur un trunk, ou au minimum, s'assurer qu'aucun trafic sensible ne transite en mode "untagged" à ce niveau.

4. **Limiter les VLAN sur chaque trunk** : Les trunk ne doivent transporter que les VLAN nécessaires. Les VLAN superflus doivent être supprimés pour restreindre la surface d'attaque.

5. **Utiliser des ACLs (Listes de contrôle d'accès) de niveau 3/4** : Une fois que le trafic sort d'un VLAN donné et transite vers le

routeur/pare-feu de distribution, des ACLs ou des politiques de sécurité peuvent contrôler qui communique avec qui.

5.3. VLAN privés et micro-segmentation

- **Private VLAN (PVLAN)** : Une fonctionnalité qui permet, au sein d'un même VLAN, de restreindre la communication entre ports.

  Les ports "isolés" ne peuvent pas communiquer directement entre eux, et un port "promiscuous" sert de passerelle. *Cela peut s'avérer utile pour les hébergeurs ou les environnements multi-locataires, limitant ainsi la propagation latérale d'attaques.*

- **Micro-segmentation** : Via des solutions SDN ou des hyperviseurs (dans des environnements virtualisés), on peut appliquer des règles de filtrage extrêmement granulaire au niveau de chaque machine virtuelle ou conteneur.

  Cela dépasse la configuration VLAN traditionnelle, et renforce la sécurité à l'intérieur même d'un VLAN.

6. Détection et prévention des intrusions au niveau de la couche 2

Les **IDS/IPS** (Intrusion Detection/Prevention Systems) fonctionnent souvent aux couches 3 et 4, mais certains dispositifs et configurations permettent de surveiller et protéger spécifiquement la couche 2 :

1. **ARPwatch** (ou équivalents) : Outil qui enregistre les paires IP/MAC et signale tout changement soudain.
   Utile pour détecter l'ARP poisoning.

2. **Dynamic ARP Inspection (DAI)** : Sur les commutateurs de gamme professionnelle, DAI compare chaque réponse ARP

avec la base de données DHCP Snooping.
Si une correspondance n'existe pas, la trame est bloquée.
Ceci empêche la plupart des attaques d'ARP spoofing.

3. **DHCP Snooping** : Le commutateur identifie les ports "trustés"
   (vers le serveur DHCP légitime).
   Toute offre DHCP émise depuis un autre port est considérée
   non fiable et est bloquée.
   De plus, DHCP Snooping génère une table IP-MAC-port qui sert
   de référence à DAI et IP Source Guard.

4. **IP Source Guard** : Vérifie, à la réception d'une trame IP, que
   l'adresse source correspond bien à la table générée par DHCP
   Snooping et que l'interface de réception est conforme à ce qui
   est attendu.
   Empêche ainsi qu'un attaquant s'attribue une IP qui ne lui
   appartient pas.

5. **Mises à jour et correctifs firmware** : Les commutateurs et
   points d'accès ont eux aussi des vulnérabilités potentielles.
   ***Tenir à jour leur firmware est une nécessité pour combler les
   failles de sécurité découvertes au fil du temps.***

7. Sécurité des réseaux sans fil (WLAN) en couche 2

Les réseaux Wi-Fi, bien qu'ils impliquent également la couche Physique
(norme 802.11), se basent sur des mécanismes de liaison souvent
similaires à Ethernet (bridge, association MAC, VLAN).

Quelques points particuliers :

1. **Authentification WPA2/WPA3** : Permettent un chiffrement fort du trafic radio, qui se matérialise alors au niveau de la couche 2.

   Les anciennes méthodes (WEP, WPA) sont obsolètes et à proscrire.

2. **Isolation des clients** : Fonctionnalité qui empêche deux stations connectées au même point d'accès Wi-Fi de communiquer directement l'une avec l'autre.
   Ainsi, le trafic doit passer par la passerelle, limitant les attaques locales.

3. **VLAN par SSID** : Chaque SSID (réseau Wi-Fi) peut être mappé à un VLAN différent.
   Ceci s'intègre parfaitement dans une stratégie de segmentation plus large (par exemple, un VLAN invité, un VLAN BYOD, un VLAN entreprise).

4. **Contrôle d'accès 802.1X** : Dans un environnement professionnel, la sécurisation Wi-Fi s'appuie souvent sur 802.1X/EAP (PEAP, EAP-TLS, etc.), offrant un niveau d'authentification comparable à celui des réseaux filaires 802.1X.

5. **Gestion des rogues AP** : Les points d'accès pirates (rogue AP) sont une menace sérieuse.
   Un employé pourrait brancher un routeur Wi-Fi non autorisé et créer une brèche.
   Les contrôleurs WLAN professionnels proposent un scan des canaux et signalent l'apparition de BSSIDs inconnus. Attaque voisinage.

8. Procédures d'audit et de test de la sécurité en couche 2

8.1. Audit de configuration des commutateurs

- **Revue des paramètres STP** : Vérifier que Root Guard et BPDU Guard sont activés sur les ports "access".
  Contrôler la priorité du commutateur racine.

- **Inspection de Port Security** : Vérifier pour chaque interface, le mode défini (protect, restrict, shutdown), le nombre d'adresses MAC autorisées, et si nécessaire, la persistance de ces adresses.

- **802.1X** : Auditer la liste des ports configurés, les règles d'authentification, la gestion des postes non-compatibles (mode MAB, MAC Authentication Bypass), etc.

- **VLAN** : Vérifier la désactivation du DTP, la mise en place de VLAN natif isolé, désactiver les VLAN non utilisés, la configuration explicite des trunks.

8.2. Test d'intrusion (penetration test) en couche 2

- **ARP spoofing** : Employer des outils pour tenter de détourner le trafic.
  Observer si des mécanismes DAI ou IP Source Guard réagissent.

- **MAC flooding** : Lancer un script générant des centaines ou milliers d'adresses MAC aléatoires, afin de saturer la table CAM.
  Vérifier si un mécanisme de protection (Port Security, Storm Control) bloque l'attaque.

- **VLAN hopping** : Tester les méthodes de double tagging et de trunk négocié.

Le but est de voir si un VLAN non autorisé devient accessible.

- **STP manipulation** : Envoi de BPDUs "prioritaires" pour prendre le rôle de Root Bridge.
Contrôler si Root Guard ou BPDU Guard bloquent ces tentatives.

8.3. Surveillance continue

- **Logs et Syslog** : Configurer les commutateurs pour qu'ils envoient leurs événements (Port Security violations, DAI drops, STP changes) à un serveur Syslog central.

- **Analyse SNMP*** : Mettre en place un outil de supervision (Zabbix, Centreon, PRTG, etc.) pour suivre les compteurs d'erreurs, la charge des ports, l'apparition de nouvelles adresses MAC, etc.

- **Alertes en temps réel** : Une intégration avec un SIEM (Security Information and Event Management) peut corréler différents événements pour détecter rapidement des anomalies sur la couche 2 couplées à d'autres indices (tentative de login anormale, scan de ports, etc.).

SNMP* : Protocole Internet standard pour la collecte et l'organisation des informations sur les périphériques gérés sur les réseaux IP et pour la modification de ces informations afin de modifier le comportement des périphériques.

9. Bonnes pratiques d'exploitation et d'organisation

9.1. Documentation rigoureuse

- **Cartographie et topologie** : Dessiner une carte précise des commutateurs, de leurs interconnexions, de la hiérarchie STP, et des VLAN attribués à chaque port ou lien trunk.

- **Gestion des versions de configuration** : Conserver un historique des configurations (via un outil comme RANCID, Oxidized ou un équivalent) pour retracer facilement les modifications et rétablir un état stable en cas d'erreur.

- **Procédures d'exploitation** : Définir des politiques claires pour la création de nouveaux VLAN, l'assignation de ports, les règles d'authentification 802.1X ou Port Security, etc.

9.2. Évolution et maintenance

- **Mises à jour firmware** : Planifier des maintenances régulières pour appliquer les patchs critiques.

- **Renouvellement des équipements** : Les anciens commutateurs peuvent ne pas supporter les fonctionnalités récentes (802.1X, DHCP Snooping, etc.).

  Intégrer ces critères dans la politique de renouvellement matériel.

- **Formation du personnel** : Les administrateurs réseaux doivent bien comprendre les mécanismes STP, VLAN, 802.1X, et les fonctionnalités de sécurité avancées.

  Des erreurs de configuration peuvent créer des vulnérabilités ou des pannes.

9.3. Culture de la sécurité interne

- **Rôles et responsabilités** : Assigner clairement les responsabilités de configuration, supervision et audit.
  Qui gère les VLAN ?
  Qui valide l'ouverture d'un nouveau port ?

- **Principe du moindre privilège** : Un technicien d'assistance n'a pas forcément besoin de droits complets sur l'infrastructure. Segmenter les droits d'accès pour limiter l'impact d'une erreur ou d'un compte compromis.

- **Contrôles d'accès physiques** : Même si nous sommes sur la couche 2, il ne faut pas oublier que l'accès direct à un commutateur ou à une baie peut bypasser certaines protections logicielles.

  La sécurisation de la couche physique (discutée au chapitre précédent) demeure essentielle.

10. Conclusion

La **couche Liaison de données** constitue la trame sur laquelle repose la communication IP au sein d'un réseau local.

Les attaques qui ciblent ce niveau peuvent s'avérer particulièrement insidieuses : elles ont souvent la capacité de **court-circuiter** ou de **déstabiliser** les protections de couche 3 ou 4 (pare-feu, routage).

De plus, ces attaques peuvent rester inaperçues si l'on ne dispose pas d'une surveillance adéquate de la topologie et des protocoles de couche 2.

Pour sécuriser cette couche, il est impératif de **multiplier** les mécanismes défensifs techniques précédemment cités.

À cela s'ajoutent des bonnes pratiques organisationnelles : documentation à jour, définition de politiques précises, formation des équipes, supervision active, et intégration dans un cadre global de sécurité.

Au fil des ans, les constructeurs de commutateurs (Cisco, HPE/Aruba, Juniper, Huawei, etc.) ont introduit de nombreuses fonctionnalités pour limiter les risques inhérents à la couche 2.

Cependant, sans un **design rigoureux** et une **vigilance permanente**, ces mécanismes resteront insuffisants.

Les attaques d'ARP spoofing ou de VLAN hopping demeurent tristement d'actualité, principalement en raison de failles de configuration ou de manque de cloisonnement logique.

Ce chapitre, en décrivant les menaces et les contre-mesures disponibles, vise à aider les responsables réseaux et les administrateurs à faire de la **couche Liaison de données** un socle sûr pour tout l'édifice du système d'information.

En conjuguant cette approche avec la **sécurisation de la couche physique** (abordée précédemment) et les protections plus classiques de la couche 3/4 (listes de contrôle d'accès, pare-feu, IPS), on bâtit une défense en profondeur, capable de résister aux attaques internes comme externes.

Couche 3 : Sécurisation de la couche réseau

Introduction

La **troisième couche** du modèle OSI, appelée **couche Réseau**, est responsable de l'acheminement des paquets d'un nœud à un autre, potentiellement à travers plusieurs réseaux intermédiaires.

À ce niveau, on gère surtout l'**adressage logique** (IPv4, IPv6), l'**établissement de chemins** (routage), et la **fragmentation** éventuelle des paquets en fonction des caractéristiques des supports sous-jacents.

Par essence, cette couche s'appuie sur les services de la **couche Liaison de données** pour transmettre les trames, mais introduit sa propre abstraction : au lieu de se fier uniquement aux adresses MAC, on utilise des adresses IP (ou tout autre schéma d'adressage logique) pour communiquer de façon potentiellement inter-réseaux.

Dans le monde d'Internet, c'est évidemment le protocole **IP (Internet Protocol)**, dans ses versions 4 et 6, qui prédomine.

La sécurisation de la couche Réseau est un enjeu des plus importants, car la capacité à « router » des paquets malveillants ou à **détourner** du trafic compromet la confiance dans l'ensemble de l'architecture.

Dans ce chapitre, nous allons examiner :

1. Les **principaux mécanismes** et caractéristiques de la couche Réseau.

2. Les **menaces et vulnérabilités** typiques (par exemple, IP spoofing, route hijacking, scanning, dénis de service).

3. Les **solutions de sécurisation** (listes de contrôle d'accès, pare-feu de couche 3, protocoles de routage sécurisés, protection BGP, IPsec, etc.).

4. Les **bonnes pratiques d'implémentation** et de supervision, indispensables pour garantir la disponibilité et l'intégrité du trafic réseau.

En abordant la couche Réseau après celles de la **couche Physique** et de la **couche Liaison de données**, nous continuons notre progression logique à travers les différentes strates du modèle OSI, afin de constituer une vue d'ensemble de la sécurité des systèmes d'information.

1. Rappels sur la couche Réseau

1.1. Rôle et fonctions clés

- **Adressage logique (IP)** : La couche Réseau introduit un schéma d'adressage indépendant du support physique. En IPv4, les adresses sont codées sur 32 bits ; en IPv6, sur 128 bits.

  Cet adressage permet de distinguer les réseaux les uns des autres, de définir des sous-réseaux et de construire la hiérarchie de l'Internet.

- **Routage** : Le routage consiste à décider, à chaque saut (hop), vers quel nœud suivant envoyer le paquet.

  Les routeurs maintiennent des tables de routage, qui peuvent être configurées statiquement ou gérées dynamiquement via des protocoles (OSPF, RIP, BGP, EIGRP, IS-IS, etc.).

- **Fragmentation et réassemblage** : Si un paquet IP excède la taille maximale de transmission (MTU) autorisée sur un lien, il peut être fragmenté en plusieurs morceaux.

La couche Réseau gère la logique de fragmentation et le réassemblage (surtout en IPv4, car IPv6 adopte une approche différente, généralement avec la découverte du chemin MTU).

- **Qualité de service** : Certains champs (Type of Service en IPv4, Traffic Class en IPv6) permettent de prioriser ou de classer le trafic pour de la QoS (Quality of Service).

  La couche Réseau doit alors s'assurer que ces informations sont prises en compte par les nœuds intermédiaires.

- **Pas de fiabilité intrinsèque** : IP est souvent décrit comme un protocole « best-effort ».

Il ne garantit pas la livraison, ni l'ordre des paquets, ni la correction des erreurs, ce sont les couches supérieures (Transport, Application) qui prennent le relais pour gérer la fiabilité ou les retransmissions.

1.2. Vision globale de la sécurité à ce niveau

La sécurité de la couche Réseau se matérialise souvent par les dispositifs de **pare-feu** et de **filtrage**.

C'est aussi là que s'exercent des mécanismes critiques comme la **sécurisation du routage** (éviter la diffusion de routes frauduleuses) ou l'**authentification du trafic IP** (via IPsec par exemple).

Contrairement à la couche Liaison de données, qui se limite à un périmètre local, la couche Réseau permet de créer des **communications inter-réseaux**, y compris à l'échelle planétaire.

D'où la nécessité d'établir des contrôles plus fins, pour éviter la propagation de menaces à grande échelle.

2. Principales menaces à la couche Réseau

2.1. IP Spoofing et usurpation d'adresse

- **Principe** : Un attaquant peut forger des paquets IP en plaçant une adresse source qui ne lui appartient pas (IP usurpée).

  De cette manière, il dissimule son identité ou détourne potentiellement les réponses vers une victime.

- **Usage** : L'IP spoofing sert souvent à lancer des attaques par déni de service distribué (DDoS), ou pour contourner des ACL (listes de contrôle d'accès) basées sur l'adresse source.

- **Limites** : Les réponses vont être envoyées à l'adresse usurpée, ce qui rend le dialogue interactif plus complexe.

  Mais dans des attaques en masse, c'est suffisant pour saturer un service.

2.2. Scanning et reconnaissance

Un attaquant peut envoyer des paquets spécialement conçus (ICMP, TCP SYN, etc.) pour cartographier le réseau, découvrir les adresses actives, les protocoles en place, et repérer des ports ouverts ou vulnérables.

Les scans ICMP (ping sweep) ou traceroute, par exemple, donnent une vision détaillée de la structure du réseau.

2.3. Attaques de routage et route hijacking

- **Route hijacking (détournement de routes)** : Sur Internet, le protocole BGP (Border Gateway Protocol) est utilisé pour échanger des informations de routage entre systèmes autonomes.

Des annonces de routes incorrectes (volontaires ou accidentelles) peuvent rediriger une partie du trafic mondial vers un acteur malveillant ou vers un trou noir.

- **Attaques sur OSPF, RIP** : Dans un LAN ou un MAN*, des protocoles de routage interne (IGP) peuvent aussi être manipulés.

Par exemple, un routeur non autorisé peut annoncer de fausses routes, ce qui peut causer un déni de service ou permettre une interception (le fameux man-in-the-middle).

2.4. Attaques par fragmentation (IP fragmentation attacks)

- **Tiny Fragment Attack** : Un attaquant segmente un paquet en très petits fragments pour échapper aux dispositifs de filtrage (pare-feu) qui inspectent uniquement le premier fragment ou un nombre limité d'octets.

MAN* : réseau informatique qui relie les ordinateurs d'une zone définie.

- **Overlapping fragment attack** : Les champs de fragmentation sont manipulés de sorte que des fragments se chevauchent en réassemblage, pouvant modifier partiellement l'en-tête TCP/UDP et contourner des règles de filtrage basées sur les ports.

2.5. Déni de service (DoS, DDoS) au niveau IP

- **ICMP flood** : Un bombardement de paquets ICMP (Echo Request) peut saturer la bande passante ou les ressources de traitement d'un routeur ou d'une machine ciblée.

- **Smurf attack** : Repose sur l'envoi de paquets ICMP à l'adresse broadcast d'un réseau, tout en usurpant l'adresse source de la victime.

  Tous les hôtes répondent alors à la victime, entraînant une submersion de réponses.

- **UDP flood** : De la même façon, un attaquant envoie un grand nombre de paquets UDP à des ports aléatoires, forçant la machine ciblée à traiter et à répondre avec des messages d'erreur ICMP (Port Unreachable).

3. Mesures techniques de sécurisation de la couche Réseau

3.1. Filtrage et contrôle du trafic IP

L'un des piliers de la sécurité réseau à ce niveau consiste à mettre en place des **Listes de Contrôle d'Accès** (ACL) sur les routeurs ou à utiliser des **pare-feu.**

L'objectif est de définir quelles adresses sources, quelles adresses destinations, quels protocoles (ICMP, TCP, UDP) ou quels ports sont autorisés ou bloqués.

1. **Filtrage en entrée (Ingress filtering)** : Contrôler que les paquets entrants, depuis l'extérieur, utilisent des adresses source valides (pas d'IP privées, pas d'adresses appartenant à l'intranet local).

   C'est une bonne pratique recommandée par BCP 38, visant à réduire l'IP spoofing.

2. **Filtrage en sortie (Egress filtering)** : Vérifier que les paquets sortants d'un réseau n'ont pas d'adresse source qui ne leur appartient pas.

Solve DSI

Ainsi, on empêche les hôtes internes de lancer des attaques de spoofing vers l'extérieur.

Ordinateurs zombies etc.

3. **ACL sur les interfaces du routeur** : Sur chaque interface, on peut appliquer des règles de filtrage spécifiques.

   Par exemple, bloquer le trafic ICMP Echo Request sur une interface WAN pour limiter le scanning.

   Ou refuser le trafic provenant d'adresses RFC1918 (10.x.x.x, 192.168.x.x, etc.) depuis l'Internet.

4. **Pare-feu (Firewall)** : Un pare-feu de couche 3 inspecte les paquets au niveau IP et applique des règles.

   Les pare-feu plus avancés (couche 7, dits Next-Generation Firewall) vont également inspecter le contenu applicatif, mais le filtrage de base commence déjà en couche 3.

3.2. Routage sécurisé

- **Authentification des protocoles de routage** : La plupart des protocoles internes (OSPF, RIP, EIGRP, IS-IS) proposent une forme d'authentification (MD5 ou une clé plus robuste).

  Ceci empêche un routeur non autorisé d'envoyer des annonces frauduleuses.

- **Filtrage des mises à jour** : Les routeurs doivent appliquer des filtres pour n'accepter que des routes valides provenant de pairs reconnus.

  Par exemple, en BGP, on peut limiter les préfixes acceptés à ceux effectivement déclarés par le système autonome du pair.

- **Route dampening et mécanismes anti-hijacking** : BGP inclut des fonctions de "route dampening" qui réduisent l'effet de l'instabilité de certaines routes.

  En complément, des services externes (RPKI – Resource Public Key Infrastructure) permettent de valider la légitimité des annonces BGP.

  Les opérateurs Internet et grands FAI adoptent de plus en plus RPKI pour rendre BGP plus sûr.

- **Redondance et résilience** : Disposer de multiples liaisons vers différents fournisseurs ou vers plusieurs routeurs permet de résister aux attaques ou aux défaillances sur une route en particulier.

  Cela n'est pas directement une mesure "de sécurité" mais contribue à la disponibilité.

3.3. Protection contre la fragmentation abusive

- **Inspection approfondie des paquets (Deep Packet Inspection)** : Les pare-feu ou routeurs avancés peuvent réassembler (virtuellement) les fragments et inspecter la totalité du paquet, évitant qu'un fragment ultérieur ne modifie les en-têtes déjà autorisés ou bloqués.

- **Limitation de la fragmentation** : On peut encourager la configuration d'un MTU cohérent dans le réseau et l'usage de la découverte de chemin MTU (PMTUD), de façon à réduire les occurrences de fragmentation.

- **Filtres spécifiques** : Certaines ACLs permettent de bloquer ou de limiter les paquets fragmentés de façon excessive ou suspecte (par exemple, en interdisant le premier fragment si l'en-tête TCP/UDP est incomplet).

3.4. Dispositifs anti-DDoS

- **ICMP rate limiting** : Les routeurs peuvent limiter le taux de réponses ICMP (Time Exceeded, Destination Unreachable) pour éviter de consommer trop de ressources.

- **Blackhole routing** : En cas d'attaque volumétrique, on peut diriger le trafic malveillant vers une interface nulle ("null route"), évitant la saturation du cœur de réseau.

  Attention à ne pas rediriger vers un concurrent pour rigoler (c'est illégal je tiens à préciser).

- **Scrubbing centers** : Les grandes entreprises ou FAI peuvent employer des "centres de nettoyage" (scrubbing centers) qui filtrent le trafic volumétrique malveillant en amont, avant de le faire transiter vers la cible légitime.

- **SYN Cookies** (à la frontière avec la couche Transport) : Bien que cela concerne techniquement la couche 4, certains routeurs et pare-feu l'implémentent pour éviter les saturations de file d'attente de connexion.

4. Sécurité au niveau des adresses IP et du NAT

4.1. Adressage privé et NAT

Le NAT (Network Address Translation) n'est pas, à la base, un mécanisme de sécurité.

Il a été conçu pour pallier le manque d'adresses IPv4 et pour mapper des adresses privées (non routables sur Internet) vers une adresse publique.

Toutefois, le NAT apporte certains **effets de masquage** : l'extérieur ne voit que l'adresse publique, et il est plus difficile (mais pas impossible) de cibler une machine interne précise.

- **Masquerade (PAT)*** : Le NAT avec surcharge (Port Address Translation) associe chaque connexion sortante à un port source unique.

   Cela permet à des dizaines ou des centaines de machines de sortir sur Internet via une seule IP publique.

- **Limites de sécurité** : Attention, le NAT ne doit pas être confondu avec un pare-feu.

IP Masquerade* : Méthode pour remapper un espace d'adresse IP dans un autre, en modifiant les en-têtes IP en transit.

   Un attaquant peut toujours cibler l'IP publique du NAT avec des paquets malveillants, et si une redirection de port (port forwarding) est configurée, il pourra atteindre une machine interne.

- **NAT/PAT dynamique vs statique** : Le NAT dynamique et la translation d'adresses source "outbound" offrent un certain anonymat pour les postes internes.

   Le NAT statique (one-to-one) expose davantage la machine interne, qui hérite d'une IP publique dédiée.

4.2. IPv6 et masquage

Avec l'arrivée de l'IPv6, on dispose d'un grand espace d'adressage.

Le NAT n'est plus nécessaire pour économiser des adresses, même si certains mécanismes comme le NPTv6 (Network Prefix Translation) existent.

La sécurité en IPv6 doit donc reposer sur d'autres techniques : filtrage d'entrées/sorties, pare-feu stateful, etc.

De plus, IPv6 introduit des adresses temporaires (privacy extensions) qui changent régulièrement pour préserver un certain anonymat vis-à-vis des traqueurs.

5. Protocoles sécurisés et tunnels : IPsec, VPN, etc.

5.1. IPsec : principes et modes de déploiement

IPsec (IP Security) est un ensemble de protocoles qui offrent des services de **confidentialité**, d'**intégrité** et d'**authentification** au niveau de la couche réseau.

On distingue deux modes :

1. **Transport Mode** : Le chiffrement et l'authentification s'appliquent directement entre deux hôtes.

   L'en-tête IP d'origine est conservé, et seule la charge utile (et éventuellement l'en-tête transport) est chiffrée.

2. **Tunnel Mode** : Le paquet IP complet est encapsulé dans un nouveau paquet IP.

   Typiquement, cela sert à construire des tunnels site-à-site ou client-à-site (VPN).

L'équipement de passerelle (VPN gateway) encapsule/décapsule le trafic.

- **Protocoles composants :**

  o **AH (Authentication Header)** : Assure l'authentification et l'intégrité.

  o **ESP (Encapsulating Security Payload)** : Apporte la confidentialité (chiffrement) et peut aussi intégrer l'authentification.

  o **IKE (Internet Key Exchange)** : Négocie les clés et les paramètres de sécurité.

- **Cas d'usage :**

  o **VPN site-à-site** : Deux routeurs ou pare-feu distant s'établissent un tunnel IPsec pour relier deux réseaux privés via Internet.

  o **VPN client-à-site** : Un utilisateur en télétravail par exemple se connecte à la passerelle VPN de l'entreprise, son trafic est ainsi chiffré.

5.2. Autres VPN et protocoles de tunneling

- **SSL VPN / TLS VPN** : Souvent déployés au niveau de la couche Transport ou Application, ils permettent un accès depuis un simple navigateur ou un client OpenVPN, par exemple.

  On reste toutefois sur un concept proche du tunnel au niveau IP, même si la mise en œuvre diffère.

- **GRE (Generic Routing Encapsulation)** : Protocole d'encapsulation de couche 3 dans de la couche 3.

  Peut être combiné avec IPsec pour chiffrer un tunnel GRE.

- **DMVPN (Dynamic Multipoint VPN)** : Une architecture CISCO basée sur NHRP et GRE multipoint, couplée à IPsec, pour simplifier la création de tunnels dynamiques entre plusieurs sites.

5.3. Avantages et contraintes des VPN

- **Confidentialité et intégrité** : En chiffrant les paquets, on les rend invisibles à un observateur tiers.

- **Authenticité** : On peut vérifier l'identité des appareils ou des sites qui se connectent (certificats, clés pré-partagées).

- **Administration** : Gérer des tunnels IPsec à grande échelle (des dizaines ou centaines de sites) nécessite une infrastructure de gestion de clés et de certificats robuste.

- **Performance** : Le chiffrement/déchiffrement consomme des ressources CPU.

   On doit s'assurer que l'équipement est dimensionné pour le débit requis.

6. Surveillance et détection des anomalies au niveau Réseau

6.1. Logs et supervision

- **Syslog et NetFlow** : Les routeurs et pare-feu peuvent envoyer des journaux (logs) de trafic, des alertes de filtrage, ainsi que des statistiques NetFlow ou IPFIX.

   Cette dernière offre une vision détaillée des flux IP : qui communique avec qui, sur quel protocole, pendant combien de temps.

- **Outils de supervision** : Des solutions comme Zabbix, Nagios, Centreon, PRTG, etc., peuvent surveiller la disponibilité des routeurs, le taux d'erreurs, la charge CPU, etc.

6.2. IDS/IPS réseau (NIDS/NIPS)

- **Positionnement** : Un **IDS/IPS réseau** se place souvent en mode "sniffing" sur un segment critique (à l'entrée d'un data center, par exemple) ou en mode inline (bridge ou route).

  Il analyse en profondeur les paquets pour détecter des signatures d'attaque ou des comportements anormaux.

- **Détection des scans et des patterns malveillants** : L'IDS peut repérer un scan ICMP ou un balayage de ports.

  Il peut aussi stopper un trafic suspect en temps réel si c'est un IPS (Intrusion Prevention System).

- **Limites** : Le trafic chiffré (HTTPS, IPsec) réduit la capacité d'inspection. Des solutions d'inspection TLS existent, mais elles doivent être déployées avec précaution (certificat de confiance, déchiffrement légitime, etc.).

6.3. Sondes de performance et d'anomalies

- **Délais et perte de paquets** : Des sondes (ou agents) placés à différents points du réseau mesurent la latence, la perte de paquets, etc.

  Une augmentation soudaine peut révéler une congestion anormale ou un début d'attaque par saturation.

- **Corrélation d'événements** : En combinant les alertes issues des routeurs (chute ou hausse brutale de trafic), des pare-feu, et des serveurs d'applications, on peut détecter plus rapidement une attaque en cours.

7. Audits de la couche Réseau

7.1. Audit de configuration et bonnes pratiques

- **Revue des ACL** : Vérifier l'ordre des règles, leur cohérence, l'absence de règle trop permissive.

  Documenter chaque règle, documenter et valider sa raison d'être.

- **Test de cohérence inter-routeur** : S'assurer que toutes les interfaces extérieures appliquent le même niveau de filtrage en entrée/sortie.

  Contrôler également les interfaces internes sensibles continuellement (DMZ* , VLAN critiques, etc.).

- **Mises à jour logicielles** : Les routeurs et pare-feu, tout comme les serveurs, doivent être patchés.

  Des vulnérabilités dans le firmware peuvent exposer l'équipement à un accès non autorisé ou à un déni de service.

- **Sécurisation des accès d'administration** : SSH, console, telnet (à proscrire), HTTPS pour la gestion.

  Limiter aux IP autorisées et utiliser l'authentification forte.

DMZ* : Zone démilitarisée
Sous-réseau contenant les services exposés et orientés vers l'extérieur d'une organisation.
Il agit comme point exposé vers un réseau non fiable, généralement Internet.

7.2. Test d'intrusion (PenTest)

Solve DSI

Ils ne doivent pas être faits que par des équipes extérieures mais conduits en continu par les équipes internes régulièrement.

- **Scanning depuis l'extérieur** : Voir si un routeur répond aux pings, s'il expose des ports de management, s'il divulgue des bannières trop verbeuses.

- **Falsification d'adresses IP** : Tester si le routeur bloque correctement les paquets sortants ou entrants avec des adresses IP invalides ou privées.

- **Attaque sur le routage** : Simuler un faux routeur OSPF ou RIP et injecter des fausses routes. Observer si le routeur principal accepte cette mise à jour ou s'il la rejette (authentification, ACL).

- **Analyse du filtrage fragmenté** : Envoyer des paquets IP fragmentés pour voir si le pare-feu/routeur contourne ses propres règles.

7.3. Plan de remédiation

Après l'audit, un **plan d'action** doit être établi :

- Correction ou suppression des règles ACL obsolètes ou trop permissives.

- Mise en place d'un plan de migration vers IPv6 si nécessaire, ou renforcement du filtrage IPv6 déjà présent.

- Activation ou amélioration des mécanismes d'authentification et de chiffrement (IPsec, routage sécurisé).

- Mise à jour du firmware des routeurs et pare-feu concernés.

- Renforcement de la supervision (NetFlow, SIEM, etc.).

8. Organisation et bonnes pratiques globales

8.1. Politique de gestion d'adressage IP

- **Plan d'adressage IP clair** : Segmenter rationnellement le réseau en sous-réseaux, associer des VLAN cohérents, éviter un chevauchement d'adresses.

  Une structure propre facilite le filtrage et la traçabilité.

- **Adressage statique vs DHCP** : Sur les serveurs et équipements critiques, l'adressage statique reste souvent la norme pour un meilleur contrôle.

  Pour les postes clients, DHCP avec réservation peut être utilisé, en y associant DHCP Snooping (couche 2/3) pour la sécurité.

8.2. Gestion du changement et documentation

- **Documentation centralisée** : Conserver un référentiel des configurations routeurs, ACL, tunnels IPsec, etc.

  Noter les justifications, les liens avec les utilisateurs et services concernés.

- **Procédure de changement** : Toute modification d'une route, d'une ACL ou d'un paramètre de routage doit passer par un processus validé (ITIL ou équivalent).

  Cela évite les erreurs soudaines et facilite le rollback si nécessaire.

- **Contrôles de cohérence** : Avant de déployer une mise à jour d'ACL, un script peut vérifier la syntaxe, la cohérence, et repérer les chevauchements ou doublons de règles.

8.3. Formation du personnel

- **Administrateurs réseau** : Une bonne compréhension des protocoles (IP, ICMP, BGP, OSPF, MPLS, etc.) et des menaces est incontournable.

  Des sessions de formation ou de sensibilisation régulières sont recommandées.

- **Opérateurs de supervision** : Doivent savoir reconnaître les signaux d'alerte (pics de trafic, logs de filtrage répétés, tentatives de scanning).

- **Culture de la sécurité** : Promouvoir une approche "security by design" : toute nouvelle configuration ou nouveau service doit intégrer le filtrage et la supervision dès la conception.

8. Conclusion

La **couche Réseau** constitue la colonne vertébrale de la communication inter-réseaux.

Gérer son **adressage IP**, ses **mécanismes de routage** et le **filtrage** associé demande une attention constante pour préserver l'intégrité, la disponibilité et la confidentialité des flux de données.

Contrairement à la couche Liaison (généralement circonscrite à un périmètre LAN), la couche Réseau ouvre les portes vers l'Internet ou vers d'autres sites distants, elle est donc naturellement plus exposée.

Les menaces les plus courantes (IP spoofing, route hijacking, DDoS, scanning) peuvent conduire à des impacts majeurs : compromission de la confidentialité, interruptions de service, redirections malveillantes.

Pour y faire face, la **défense** s'appuie sur un large éventail de mesures complémentaires : **Listes de contrôle d'accès, pare-feu de couche 3,**

Solve DSI

authentification des protocoles de routage, surveillance des logs, détection d'intrusions, mises à jour logicielles.

À cela s'ajoutent des mécanismes de **chiffrement** et d'**authentification** (IPsec, VPN), permettant de sécuriser les échanges à un niveau plus granulaire, particulièrement utiles lorsque le trafic traverse un réseau non fiable comme Internet.

En parallèle, la **gouvernance** et la **culture de la sécurité** restent des piliers indispensables.

Des politiques de gestion de configuration, un plan d'adressage cohérent, une supervision proactive et un personnel formé font la différence entre un réseau résilient et un réseau vulnérable.

Enfin, la sécurisation de la couche Réseau ne peut se concevoir de manière isolée.

Elle doit être intégrée à une **stratégie de défense en profondeur**, qui inclut des contrôles aux couches 1 et 2 (physique et liaison), mais aussi aux couches supérieures (transport, session, application).

Couche 4 : Sécurisation de la couche Transport

Introduction

La **couche Transport**, quatrième niveau du modèle OSI, gère la livraison fiable (ou non) des données de bout en bout entre deux processus applicatifs.

Dans l'architecture TCP/IP, cette couche correspond principalement aux protocoles **TCP** (Transmission Control Protocol) et **UDP** (User Datagram Protocol).

Son rôle est d'offrir aux applications un canal de communication adapté à leurs exigences de fiabilité, de contrôle de flux et de correction d'erreurs, tout en masquant la complexité de la couche Réseau sous-jacente.

La sécurisation de la couche Transport est fondamentale : des failles ou des attaques ciblant cette couche peuvent aboutir à des conséquences graves, allant d'interruptions de service massives (DDoS) à des détournements de session, en passant par l'interception ou la manipulation des données.

Ce chapitre va donc passer en revue :

1. Les **principes et mécanismes** de la couche Transport (TCP, UDP, SCTP, etc.).

2. Les **risques et vulnérabilités** les plus fréquents (SYN flood, session hijacking, injection, etc.).

3. Les **mesures de protection** (pare-feu de couche 4, limitations de débit, sécurisation de la session via TLS/DTLS, etc.).

4. Les **bonnes pratiques** d'implémentation et d'audit pour maintenir un niveau de sécurité élevé dans tout environnement réseau.

En combinant une bonne configuration de la couche transport avec les mesures décrites pour les couches inférieures (Physique, Liaison, Réseau), on met en place une défense en profondeur, chaque couche venant renforcer la robustesse de l'architecture globale.

1. Rappel sur la couche Transport

1.1. Fonctionnalités principales

La couche Transport fournit un **service de bout en bout** aux applications, c'est-à-dire qu'elle relie directement le processus source au processus destination.

Pour cela, elle se base sur plusieurs piliers :

1. **Multiplexage/Démultiplexage** : Grâce aux **ports** (numéros de port source et destination), la couche Transport distingue différentes communications qui transitent par la même machine.

    Par exemple, le port 80 pour HTTP, le port 443 pour HTTPS, etc.

    Ces ports peuvent être redéfinis pour une sécurité supplémentaire par occultation.

2. **Contrôle de flux et de congestion** : Dans le cas de TCP, le protocole adapte dynamiquement la vitesse d'envoi pour éviter de saturer le destinataire ou le réseau intermédiaire.

3. **Fiabilité (pour TCP)** : Les segments reçus sont accusés de réception (ACK).

Toute perte ou corruption détectée engendre une retransmission.

L'ordre des segments est rétabli en cas de réarrangement dans le transport.

4. **Communication non fiable (UDP)** : UDP ne propose ni contrôle de flux, ni retransmission, ni ordonnancement.

   Il se contente d'envoyer des datagrammes.

   Ce mode convient à certaines applications en temps réel, sensibles à la latence, ou pour des protocoles qui gèrent eux-mêmes la fiabilité (DNS, streaming, VoIP, etc.).

5. **Ouverture et fermeture de session** : Dans TCP, une session commence par la fameuse **handshake en trois temps** (SYN, SYN-ACK, ACK) et se termine généralement par un échange de segments FIN et ACK, ou RST en cas de coupure brutale.

   On est proche de l'interaction humaine.

1.2. Protocoles concernés

- **TCP (Transmission Control Protocol)** : C'est le plus répandu, offrant un service orienté connexion, fiable, avec contrôle de flux et de congestion.

- **UDP (User Datagram Protocol)** : Simple, rapide, sans garantie de livraison.

  Utilisé pour DNS, DHCP, VoIP, streaming, etc.

- **SCTP (Stream Control Transmission Protocol)** : Moins courant, mais combine certains avantages de TCP (fiabilité) et de la communication par messages multiples (multi-streaming).

- **DCCP (Datagram Congestion Control Protocol)** : l'héritier de l'utilisation d'une fenêtre glissante, il vise à apporter un contrôle de congestion à des flux de type UDP.

Dans la plupart des contextes d'entreprise ou d'Internet, **TCP et UDP** concentrent l'essentiel des usages, et donc l'essentiel des menaces et dispositifs de sécurité.

2. Menaces et vulnérabilités spécifiques à la couche Transport

2.1. SYN Flood et autres attaques de déni de service

Lorsqu'un client initie une connexion TCP, il envoie un segment **SYN** (synchronization) au serveur.

Le serveur répond par un **SYN-ACK** et attend l'ACK final du client pour établir la connexion.

Pendant ce laps de temps, une entrée semi-ouverte est créée dans la table de connexions du serveur.

- **Principe de l'attaque** : Un attaquant envoie un très grand nombre de SYN en usurpant des adresses IP source (ou en refusant de compléter le handshake), remplissant ainsi la table des connexions incomplètes.

   Le serveur peut rapidement arriver à saturation, empêchant de nouvelles connexions légitimes.

- **Variantes** : On retrouve le **TCP SYN Flood**, le **SYN-ACK Flood**, ou encore le **RST Flood** (envoi massif de segments RST pour clore des sessions existantes).

2.2. Session Hijacking (détournement de session)

- **Objectif** : Prendre le contrôle d'une session TCP déjà établie entre deux hôtes, sans être détecté.

- **Méthodes** : En devinant ou en interceptant les numéros de séquence TCP (ISN, sequence number), un attaquant peut injecter de faux segments dans la session.

  Dans le passé, des implémentations faibles du random initial sequence number (ISN) rendaient cette attaque plus aisée.

- **Conséquences** : L'attaquant peut envoyer des commandes au serveur en se faisant passer pour le client, ou inversement.

  Ceci peut mener à une exfiltration de données, une exécution de commandes illicites, etc.

2.3. Injection de segments malveillants

Même en l'absence d'un détournement complet de session, un attaquant situé sur le chemin (Man-in-the-Middle) ou capable de produire des paquets en local peut tenter d'injecter des segments TCP/UDP contrefaits :

- **Injection de données** : Modifier le flux de données échangé (par exemple, insérer un faux contenu dans une session HTTP non chiffrée).

- **Réinitialisation** : Envoyer un segment RST (Reset) valide pour clôturer la connexion.

  Cela peut interrompre des téléchargements ou des transactions.

- **Falsification d'ACK** : Perturber la fenêtre de congestion TCP et ralentir ou bloquer la communication.

2.4. UDP Flood et amplification

- **UDP Flood** : Similaire au SYN Flood, mais ciblant des services UDP : l'attaquant envoie un flux massif de datagrammes, saturant la bande passante ou le CPU du serveur.

- **Amplification** : En utilisant un protocole UDP réflexif (DNS, NTP, SSDP, CLDAP, etc.), l'attaquant peut usurper l'adresse source de la victime et envoyer une requête courte, provoquant une réponse volumineuse renvoyée à la victime (ex. DNS Amplification Attack).

  Cela multiplie la puissance de l'attaque DDoS.

2.5. Attaques sur le contrôle de flux et la congestion

Certaines attaques plus subtiles consistent à manipuler les algorithmes de contrôle de congestion de TCP pour forcer le rétrécissement de la fenêtre d'envoi, causant une chute drastique du débit.

Par exemple :

- **ICMP Source Quench** (ancien mécanisme, désormais obsolète) : Autrefois, les routeurs pouvaient envoyer un message ICMP pour indiquer au client de réduire sa vitesse.

  Un attaquant pouvait en abuser.

- **Manipulation de la fenêtre** : En injectant de faux paquets indiquant une fenêtre zero, on peut faire croire à l'émetteur que le récepteur est saturé et ainsi ralentir considérablement le flux.

3. Mécanismes défensifs intégrés au protocole

3.1. Trois-way handshake sécurisé

Les implémentations modernes de TCP ont renforcé la génération du **numéro de séquence initial** (ISN) pour qu'il soit difficile à deviner.

Cela limite le détournement de session (session hijacking).

Quelques systèmes intègrent aussi des mécanismes comme **SYN cookies** pour se protéger d'un SYN flood :

- **SYN cookies** : Le serveur n'alloue pas de ressource tant qu'il n'a pas reçu le dernier ACK du client.

  À la place, il encode certaines informations (ISN, options TCP) dans le numéro de séquence et, si le client répond, cela prouve la légitimité de la requête.

  Résultat : la table de connexions semi-ouvertes ne déborde pas.

3.2. Contrôle de flux et de congestion

Les algorithmes comme **TCP Reno, TCP Cubic, BBR** ont pour but d'adapter la vitesse d'envoi.

Ils ne sont pas conçus comme un mécanisme de sécurité à proprement parler, mais ils peuvent participer à la résilience face à certaines saturations.

Lors d'attaques de congestion, le trafic TCP légitime tente de se réorganiser, même si, sous une attaque DDoS massive, il demeure difficile de maintenir la disponibilité.

3.3. Vérification des checksums

Chaque segment TCP/UDP comporte un checksum (CRC) qui vérifie l'intégrité des données transmises.

Bien que basique (et parfois optionnel en UDP), il permet tout de même de détecter les corruptions simples de paquets.

Cependant, un attaquant capable de forger un paquet complet recalculera aisément le checksum, donc ce n'est pas un rempart majeur contre l'injection malveillante.

4. Dispositifs de sécurisation complémentaires

4.1. Pare-feu de couche 4

Un **pare-feu** de couche Transport (souvent intégré à un pare-feu de couche 3/4) examine les numéros de port source et destination, les flags TCP, la table d'état des connexions (stateful inspection), etc. et il peut prendre des décisions de filtrage basées sur ces informations :

- **Stateful inspection** : Le pare-feu suit l'état de la connexion TCP (SYN-SYN/ACK-ACK, etc.) et bloque les paquets qui ne correspondent pas à un état attendu.

  Ceci rend plus difficile l'injection de segments RST ou ACK en dehors du cadre normal.

- **Filtrage des ports** : Par exemple, n'autoriser que les connexions entrantes sur le port 443 (HTTPS) vers un serveur web, et bloquer tous les autres.

  Cela réduit considérablement la surface d'attaque.

- **Limitation de débits (Rate limiting)** : Le pare-feu peut brider le nombre de connexions SYN par seconde ou limiter les flux UDP vers un certain seuil.

4.2. Systèmes de prévention d'intrusion (IPS)

Des **IPS** (Intrusion Prevention Systems) à inspection plus poussée détectent des signatures d'attaques connues, comme l'insertion d'un segment malveillant dans un flux HTTP, ou un SYN flood anormal.

Ils peuvent alors bloquer en temps réel le trafic incriminé :

- **Exemples d'attaques détectées** :

  - SYN flood à partir d'une même source ou d'adresses sources usurpées.

  - Tentative de session hijacking (numéros de séquence incohérents).

  - Injections suspectes dans un flux TCP (pattern d'exploit).

- **Mode inline** : L'IPS se situe directement sur le chemin et peut agir immédiatement pour écarter le flux malveillant.
  En contrepartie, il introduit une latence et un risque de faux positifs.

- **Mode passif** : L'IDS se contente d'alerter sans bloquer, ce qui évite des coupures involontaires, mais laisse la porte ouverte à la menace si personne ne réagit à temps.

4.3. TLS/DTLS : Chiffrement et authentification au niveau Transport

- **TLS (Transport Layer Security)** : Protocole de sécurité qui s'insère au-dessus de TCP, offrant un chiffrement de bout en bout, l'authentification du serveur (et éventuellement du client) et l'intégrité des données.

- o Typiquement, HTTPS (HTTP sur TLS) sécurise la navigation web.

- o D'autres protocoles, tels que SMTPS ou FTPS, reposent aussi sur TLS pour chiffrer les échanges.

- **DTLS (Datagram TLS)** : Adaptation de TLS à l'UDP, conservant la confidentialité et l'authentification, tout en gardant la philosophie "datagramme" du protocole.
  Utilisé pour les applications temps réel (VoIP, WebRTC).

- **Limites** :

  - o TLS ne protège pas contre un déni de service visant la couche TCP sous-jacente (exemple : un SYN flood).

  - o Les mécanismes d'authentification aident à éviter l'usurpation, mais un attaquant peut toujours saturer la liaison avant l'établissement de la couche TLS.

  - o L'inspection des flux chiffrés requiert un déchiffrement (via un proxy TLS ou une inspection SSL), ce qui complexifie la gestion des IPS.

4.4. Segmentation et politiques de filtrage interne

Même en interne, il est recommandé de cloisonner les segments réseau et d'appliquer des politiques de filtrage stricte :

- **Segmentation par VLAN** : Par exemple, isoler les serveurs de base de données sur un segment accessible uniquement depuis les serveurs d'applications.

  Les ports TCP d'administration (SSH, RDP) ne sont autorisés qu'à partir d'un sous-réseau d'administration.

- **Serveurs "bastion"** : Pour administrer l'infrastructure, on passe par un point d'entrée unique supervisé, réduisant les possibilités d'attaques internes sur la couche Transport.

- **Pare-feu inter-VLAN** : Même au sein d'un même réseau local, la circulation entre VLAN peut être soumise à un pare-feu ou des ACLs de couche 4 pour limiter les accès.

5. Mesures contre les attaques DDoS liées à la couche Transport

5.1. SYN Flood Defense (SYN Cookies, Backlog Tuning)

- **Augmentation de la backlog** : Augmenter la taille de la file d'attente des connexions semi-ouvertes pour mieux absorber un volume important de SYN.

- **SYN Cookies** : Comme mentionné, un mécanisme qui évite de consommer des ressources serveur tant que la connexion n'est pas confirmée.

- **Timeout plus court** : Réduire le délai d'attente des connexions incomplètes pour les évacuer plus rapidement.

5.2. Reverse Proxy ou Load Balancer

- **Load Balancing** : Distribuer les connexions entrantes sur plusieurs serveurs, dispersant la charge.

  Les équipement de répartition de charge (F5, HAProxy, Nginx, etc.) peuvent eux-mêmes intégrer des mécanismes de filtrage L4, anti-DDoS, ou des règles de limitation de débit.

- **Reverse Proxy** : Dans le cas du HTTP/HTTPS, le proxy reçoit les connexions clientes et les relaie vers le serveur en back-end.

Solve DSI

Il peut filtrer ou réécrire les requêtes, gérer une file d'attente.

5.3. « Scrubbing centers » et services externes

Lorsqu'une attaque DDoS volumétrique ou complexe est trop importante pour être gérée localement, des **fournisseurs de services anti-DDoS** peuvent absorber le trafic via des "scrubbing centers".

Le trafic passe par leur infrastructure, où est opéré un filtrage (à la fois réseau et transport), puis les flux légitimes sont renvoyés vers la cible de départ.

- **BGP Redirection** : On redirige le préfixe IP visé vers l'infrastructure du scrubbing center.

- **DNS Redirection** : Dans le cas d'un service web, on peut modifier le DNS pour pointer vers le prestataire anti-DDoS.

6. Sécurisation des protocoles UDP

Bien que moins complexe que TCP, **UDP** présente son lot d'éventuels problèmes sécuritaires :

1. **Pas de concept d'état** : Un pare-feu "stateful" doit se baser sur des heuristiques (par exemple, associer la réponse UDP au dernier envoi vers la même destination/port).

   Ceci complique le suivi précis des connexions.

2. **Amplification** : Les protocoles basés sur UDP (DNS, NTP, CLDAP, etc.) peuvent servir de vecteur d'attaque DDoS si le service renvoie une réponse volumineuse à une requête succincte.

3. **Sécurisation** :

- o Mettre à jour régulièrement les serveurs UDP (DNS, NTP) pour éviter les vulnérabilités connues.

- o Limiter les réponses aux requêtes suspectes (ex. DNS RRL – Response Rate Limiting).

- o Utiliser des mécanismes comme DNS over TLS/DTLS pour la confidentialité, même si cela n'abolit pas le risque de flood.

7. Sécurisation de sessions longues et de flux particuliers

7.1. FTP, SIP et autres protocoles multi-ports

Certains protocoles comme **FTP** (mode actif/passif) ou **SIP** (voix sur IP) ouvrent des ports supplémentaires dynamiquement pour le flux de données ou de signalisation.

Ceci complique la configuration d'un pare-feu couche 4, qui doit suivre les négociations initiales :

- **FTP** : Le pare-feu inspecte la commande PORT ou PASV et autorise les ports spécifiés dynamiquement.

- **SIP** : Les flux RTP/RTCP pour la voix (en fait, temps réel) sont établis après la signalisation initiale.

- **Passerelles ALG (Application-Level Gateway)** : De nombreux pare-feu implémentent un ALG pour "comprendre" le protocole et autoriser ou bloquer les ports dynamiques à la volée.

7.2. Protocoles de streaming (RTP, RTMP)

Les flux audio/vidéo temps réel reposent souvent sur UDP, avec un contrôle au-dessus de la couche Transport (RTCP pour le contrôle, RTSP pour l'initiation).

Les mesures de sécurité incluent :

- **Pare-feu compatible** : Capable d'identifier les flux RTP, RTMP.

- **Chiffrement SRTP (Secure RTP)** : Les paquets RTP sont chiffrés et authentifiés pour éviter l'interception.

- **Limitation de bande passante** : Politiques QoS pour éviter qu'un flux ne sature tout le réseau.
  Attention a bien prioriser les activités vitales de l'organisation et non celles gouvernées par ceux qui crient le plus fort.

8. Audit et tests de la couche Transport

8.1. Vérification des configurations de pare-feu

- **Liste des règles** : S'assurer que chaque règle (autorisations, blocages) est justifiée et documentée.

  Supprimer ou désactiver toute règle obsolète ou trop large (allow any).

- **État du "stateful inspection"** : Vérifier la bonne configuration du suivi d'état TCP.

  S'assurer que le pare-feu ferme bien les connexions orphelines ou inactives après un délai raisonnable.

- **Limites de sessions simultanées** : Contrôler la capacité maximale du pare-feu en termes de suivi d'état.

En cas de dépassement, s'assurer de la stratégie (priorité, abandon de nouvelles connexions, etc.).

8.2. Tests de résistance (pentest) au niveau transport

- **SYN Flood simulé** : Exécuter un test de stress pour voir à quel moment le serveur ou le pare-feu saturent.

  Vérifier le comportement des SYN cookies, le backlog, etc.

- **Scanning et injection** : Tenter d'injecter des segments RST ou ACK, voir si le pare-feu ou IPS détectent la tentative.

- **Session Hijacking** : Vérifier si la pile TCP du serveur est correctement aléatoire dans ses numéros de séquence.

- **UDP reflection** : Tester si le serveur DNS/NTP est configuré de manière à éviter l'amplification.

  Vérifier la présence d'un RRL (Response Rate Limiting) ou d'un ACL pour n'autoriser que les clients légitimes.

8.3. Surveillance continue

- **Logs du pare-feu** : Consulter régulièrement les logs pour repérer des patterns d'attaque (trop de SYN, trop de RST, flux UDP suspects).

- **NetFlow/sFlow** : Analyser le volume de trafic et l'évolution des flux (ports, protocoles) pour déceler des anomalies, des pics soudains, des connexions inhabituelles.

- **IPS alerts** : Recouper les alertes d'intrusion (port scan, flood, injection) avec d'autres événements pour confirmer ou infirmer un incident de sécurité.

9. Exemples concrets de mise en œuvre

9.1. Sécuriser un serveur web (HTTPS)

1. **Filtrage TCP** : Autoriser en entrée uniquement les ports 80 (HTTP) et 443 (HTTPS) sur le pare-feu.

    Bloquer tout autre trafic vers la machine.

2. **Stateful inspection** : Configurer le pare-feu pour qu'il suive l'état des sessions TCP, rejetant les paquets anormaux (ACK sans SYN, RST sans session ouverte, etc.).

3. **TLS** : Utiliser un certificat TLS moderne, interdire les suites de chiffrement obsolètes (SSLv3, TLS 1.0) et exiger TLS 1.2 ou TLS 1.3.

4. **Protection anti-DDoS** : Éventuellement, placer le serveur derrière un CDN ou un reverse proxy capable d'absorber la charge en cas d'attaque.

5. **Surveillance** : Examiner les logs du serveur web (Apache, Nginx) et du pare-feu pour détecter des connexions suspectes ou des tentatives de brute force.

9.2. Sécuriser un service de VoIP interne

1. **VLAN séparés** : Un VLAN pour la voix (SIP, RTP), un VLAN pour les données utilisateurs.

2. **Pare-feu ou ACL** : Réglementer strictement les flux UDP (ports SIP, RTP) entre les téléphones IP, le serveur PBX et l'extérieur (fournisseur SIP).

3. **ALG SIP** : Activer l'ALG sur le routeur/pare-feu pour gérer l'ouverture dynamique des ports RTP.

4. **SRTP/DTLS** : Chiffrer la voix pour éviter les écoutes.

5. **Supervision** : Détecter des anomalies de débit ou de latence (Qualité de Service).

   Configurer des alertes en cas de tentatives massives d'enregistrement SIP frauduleux.

9.3. Protection d'une base de données avec accès distant

1. **Pare-feu couche** : Bloquer tout accès direct à la base (port 3306 pour MySQL, 5432 pour PostgreSQL, etc.) depuis l'extérieur.
   Changer les ports par configuration.

   N'autoriser que l'IP de l'application ou un tunnel VPN.

2. **Tunnel chiffré** : Imposer l'usage de TLS (MySQL SSL, PostgreSQL SSL) ou d'un VPN IPsec/OpenVPN pour les connexions distantes.

3. **Contrôle d'accès** : Au niveau de la base, limiter les comptes et appliquer des restrictions d'IP source.

4. **Audit régulier** : Surveiller les connexions (login, IP) et vérifier qu'il n'y a pas d'attaques bruteforce sur le port.

10. Conclusion

La **couche Transport** se situe à un carrefour essentiel : elle met en relation les applications et la couche Réseau.

De son bon fonctionnement dépendent la fiabilité, l'ordonnancement et la bonne distribution des données. Les menaces qui la visent (SYN flood, session hijacking, injection, DDoS, etc.) peuvent avoir un impact considérable sur la disponibilité des services et la confidentialité des échanges.

Pour y faire face, il est nécessaire de :

1. **Comprendre les mécanismes natifs** (handshake TCP, contrôle de flux, fiabilité).

2. **Déployer des protections complémentaires** : pare-feu stateful, IPS, filtration stricte des ports, mécanismes anti-DDoS (SYN cookies, rate limiting, scrubbing).

3. **Renforcer la confidentialité et l'intégrité** avec TLS/DTLS pour chiffrer et authentifier les flux.

4. **Surveiller et auditer** régulièrement (pentests, logs, NetFlow) afin de réagir rapidement à toute anomalie ou tentative d'attaque.

5. **Adapter la configuration** aux spécificités des protocoles utilisés (HTTP, VoIP, FTP, etc.), chacun pouvant exiger un paramétrage précis pour gérer les ports dynamiques ou la répartition de charge.

Cette approche rigoureuse contribue à consolider la "défense en profondeur" décrite dans les chapitres précédents (couches Physique, Liaison et Réseau).

En articulant les bonnes pratiques de chaque couche, on obtient un maillage de sécurité capable de résister à un large éventail d'attaques, qu'elles proviennent de l'intérieur du réseau ou de l'Internet.

Dans la continuité, les couches supérieures (Session, Présentation, Application) devront également être sécurisées, car elles utilisent les services de la couche Transport pour leurs propres échanges.

Des vulnérabilités logicielles à ces niveaux peuvent elles aussi être exploitées par un attaquant, indépendamment de la robustesse de la couche 4.

Couche 5 : Sécurisation de la couche Session

Introduction

La **cinquième couche** du modèle OSI, appelée **couche Session**, s'occupe de l'établissement, de la gestion et de la terminaison des sessions entre deux (ou plusieurs) hôtes communicants.

Son objectif fondamental est de permettre à des applications situées sur des machines différentes de maintenir une **interaction continue** ou semi-continue, en gérant les aspects de synchronisation, de point de reprise et de contrôle d'échange.

Dans la pratique actuelle des réseaux IP, la **couche Session** est parfois considérée comme une « extension » ou une sous-fonction des couches Transport et Application.

En effet, de nombreux protocoles regroupés au sein de la "couche Application" dans la suite TCP/IP embarquent déjà leurs propres mécanismes de session.

Toutefois, si l'on se réfère strictement au modèle OSI original, la couche Session a des rôles et des attributs bien définis. Elle prend notamment en charge :

1. La **synchronisation** : possibilité de placer des points de synchronisation pour permettre la reprise d'une session au cas où la liaison serait interrompue.

2. Le **dialog control** : gestion de l'alternance "demande/réponse" ou "talker/listener", et arbitrage de la façon dont les applications se partagent le canal.

3. L'**établissement et la libération** des sessions : mise en place d'un contexte de communication, puis clôture propre de la session quand elle n'est plus nécessaire.

4. D'autres fonctions complémentaires, comme le reporting de checkpoints, l'ordonnancement de dialogues complexes, etc.

Dans un contexte de sécurité, il est important de comprendre que la couche Session peut être le **véhicule** de diverses attaques ou au contraire offrir un **ensemble de mécanismes** pour renforcer la robustesse de l'échange.

Lorsqu'un attaquant parvient à manipuler, détourner ou corrompre un protocole de session, il peut prendre le contrôle des communications entre applications, provoquer des interruptions de service, usurper l'identité d'un utilisateur ou accéder à des ressources critiques.

Ce chapitre propose donc un tour d'horizon complet sur :

- Les **concepts** de la couche Session (fonctionnalités, place dans le modèle).

- Les **protocoles** et approches courantes (RPC, NetBIOS, mécanismes de sessions dans les systèmes distribués, sessions "logiques" dans les applications Web).

- Les **principales menaces** ciblant la couche Session (usurpation de session, rupture, déni de service, etc.).

- Les **mécanismes de sécurisation** (gestion robuste des tokens, authentification forte, chiffrement, points de synchronisation).

- Les **bonnes pratiques** d'audit et de configuration pour minimiser l'exposition aux vulnérabilités.

L'ambition est de montrer que, même si la couche Session est parfois considérée comme un "concept théorique" dans la pile OSI, ses

fondements et **risques** sont bien réels, et qu'il est essentiel, pour un architecte ou un administrateur de la sécurité, de les maîtriser.

1. Rappels et positionnement de la couche Session

1.1. Rôle et fonctions spécifiques

Le modèle OSI sépare explicitement la gestion du transport (couche 4) de la gestion de la session (couche 5).

Concrètement, la couche Session définit les modalités de **dialogue** entre processus applicatifs :

- **Établissement de session** : Une application A souhaite interagir avec une application B.

  La couche Session va négocier l'ouverture d'une session, éventuellement échanger des informations d'identification, synchroniser des états initiaux, etc.

- **Modes de dialogue** : On parle parfois de « half-duplex », « full-duplex », ou de l'établissement de "turn-taking" (chacun parle à son tour).

  La couche Session peut s'assurer que les règles convenues sont respectées, pour éviter toute collision ou confusion dans l'échange.

- **Synchronisation et points de reprise** : Dans un transfert long ou une interaction complexe, la couche Session peut introduire des marqueurs (checkpoints).

Si la communication est coupée, la reprise peut se faire à partir du dernier checkpoint validé, au lieu de tout recommencer à zéro.

- **Fin de session** : La couche Session gère la libération des ressources, l'envoi éventuel d'indicateurs de fin, et la confirmation que plus aucun transfert n'est en cours.

Cette délimitation est plus limpide dans l'OSI que dans le modèle TCP/IP, où les couches 5, 6 et 7 (Session, Présentation, Application) sont souvent fusionnées en une seule.

Pourtant, on retrouve ces mécanismes "de session" dans divers protocoles de haut niveau.

1.2. Exemples de protocoles "session" dans l'historique ou la pratique

- **NetBIOS/NetBEUI** : Historiquement, NetBIOS proposait des "sessions" pour des partages de fichiers ou d'imprimantes, gérant l'établissement et la rupture entre deux hôtes sur un LAN IBM.

- **RPC (Remote Procedure Call)** : Permet d'ouvrir une sorte de session logique pour appeler des fonctions à distance, et gérer les états de synchronisation entre le client et le serveur.

- **SQL*Net ou TDS** (Tabular Data Stream pour Microsoft SQL Server) : Bien que souvent considéré comme application, ces protocoles instaurent des logiques de session pour des requêtes successives, la gestion de transactions, etc.

- **PPTP, L2TP** : Dans certains contextes, on peut voir la création d'un tunnel VPN comme l'établissement d'une session au sens large, même si d'autres couches interviennent.

- **Session dans les applications Web** : Même si le Web repose essentiellement sur HTTP (un protocole sans état), on rajoute au-dessus un mécanisme de session (cookies, tokens) pour maintenir la continuité entre plusieurs requêtes successives du même client.

1.3. Pourquoi sécuriser la couche Session ?

Les risques sont multiples :

1. **Usurpation ou détournement de session** : Quelqu'un s'introduit dans la session en cours et se fait passer pour la partie légitime.

2. **Destruction prématurée de session** : Un attaquant coupe la session, provoquant une interruption de service ou un redémarrage forcé.

3. **Altération de données** : Si des points de synchronisation sont manipulés, on peut endommager une transaction, réintroduire de vieux segments de données, ou forcer une relecture.

4. **Intrusions plus profondes** : Une fois qu'il tient la session, l'attaquant peut accéder aux ressources de l'application, lancer des commandes, etc.

2. Principales menaces et vulnérabilités liées à la couche Session

2.1. Session Hijacking (détournement de session)

- **Principe** : L'attaquant attend qu'un utilisateur établisse une session authentifiée avec un service, puis il s'empare de l'identifiant de session (ID de session, token, cookie, etc.).

- **Moyens** :

- o **Vol de cookies** : Sur le Web, un JavaScript malveillant ou un sniffing sur un réseau non chiffré peut récupérer le cookie de session et s'en servir.

- o **Manipulation DNS/ARP** : L'attaquant redirige le trafic pour s'intercaler (man-in-the-middle) et lire ou altérer les paquets.

- o **Injections** : Dans certains protocoles, une vulnérabilité d'injection peut révéler l'ID de session dans les logs ou sur des retours d'erreurs.

- **Impact** : Le pirate agit alors "à la place" de la victime, souvent avec ses droits.

  Il peut vider un panier e-commerce, modifier des données, ou accéder à des informations confidentielles au sein de l'application.

2.2. Rupture de session / sabotage

- **Fin de session forcée** : En injectant un message de type "session close" ou en provoquant une déconnexion (ex. en envoyant une requête RESET dans le contexte TCP, ou un message de fin dans un protocole de session), l'attaquant peut interrompre l'échange en cours.

- **Perte de synchronisation** : En altérant les marqueurs de contrôle, on peut rendre la session inutilisable.

  Par exemple, si un protocole attend un "ACK de checkpoint" qui n'arrive jamais (ou est falsifié), la session peut se bloquer.

- **Déni de service** : Sur des serveurs gérant un nombre maximal de sessions simultanées, une attaque saturant la table de session peut empêcher les clients légitimes de se connecter.

2.3. Rejeu et re-synchronisation trompeuse

- **Rejeu** : Un attaquant enregistre un segment d'une session (par exemple, un appel RPC) et le renvoie plus tard.

  Le serveur pourrait interpréter cette requête comme légitime, entraînant un doublon d'opération (transfert bancaire, changement de configuration, etc.).

- **Resynchronisation** : Sur un protocole qui autorise la reprise à un checkpoint, un intrus peut forcer la reprise d'un état obsolète, causant inconsistance ou insertion de vieilles données.

2.4. Escalade ou exploitation de la session

- **Escalade de privilèges via session** : Parfois, dans une session, si l'application n'a pas vérifié correctement les droits (audits de codes nécessaires), l'attaquant peut basculer vers un compte administrateur ou superutilisateur.

- **Transversalité de session** : On utilise la session d'un service pour rebondir vers un autre service plus critique.

  Certaines implémentations mal conçues laissent fuiter les identifiants de session d'un service interne, accessible ensuite par l'attaquant.

3. Exemples de protocoles et scénarios concrets

3.1. NetBIOS et sessions SMB/CIFS

Dans l'univers Windows, le **Server Message Block (SMB)** et son implémentation CIFS ont longtemps constitué la base du partage de ressources.

Historiquement, NetBIOS over TCP/IP (port 139) ou TCP direct sur SMB (port 445) gérait l'idée de "session" entre un client et un serveur de fichiers :

- **Vulnérabilités :**
    - Les sessions SMB v1 étaient réputées peu sécurisées, sujettes à des attaques type "man-in-the-middle" et usurpation.
    - Il arrivait que des versions obsolètes ne valident pas réellement l'identité, ou se contentent de challenge/réponse insuffisant.

- **Améliorations :**
    - SMB v2 et v3 introduisent un meilleur chiffrement, une signature des paquets et une meilleure gestion des sessions.
    - L'authentification NTLM ou Kerberos peut être requise pour renforcer la sécurité de la session.

Attention à bien réactiver les sessions si vous devez les désactiver pour des raisons de tests.
Et tester la prise en compte de la réactivation (surtout sur Windows).

3.2. RPC (Remote Procedure Call)

- **Principe** : L'application client appelle une fonction "à distance" comme si elle était locale.

    La couche Session ou un équivalent se charge de maintenir la session pour plusieurs appels consécutifs, gérer la ré-exécution en cas de timeout, etc.

- **Risque** : Un attaquant interceptant un appel RPC pourrait tenter de le rejouer ou de le détourner, surtout si les communications ne sont pas chiffrées ni authentifiées.

- **Sécurisation** : Emploi de RPC sécurisé (par exemple, RPC sur TLS, utilisation de Kerberos ou SSL, ou mise en place de pare-feu applicatifs restreignant qui peut appeler quelles fonctions).

3.3. Session dans les applications Web (cookies, tokens)

- **HTTP est sans état** : Par défaut, chaque requête HTTP est indépendante. Les sites Web utilisent les **cookies** pour stocker un ID de session sur le navigateur, faisant le lien entre les requêtes successives.

- **Attaques** :

    o **Session hijacking** via vol de cookie.

    o **CSRF (Cross-Site Request Forgery)** si l'attaquant force la victime à envoyer une requête avec un cookie de session valide.

    o **Fixation de session** : L'attaquant impose un cookie de session particulier à la victime, puis prend possession de cette session.

- **Bonnes pratiques** :

    o Régénération du cookie de session après connexion.

    o Cookie marqué **HttpOnly** (inaccessible via JavaScript) et **Secure** (uniquement transmis en HTTPS).

    o **Expiration stricte** de la session côté serveur.

    o Paramètres de contrôle "SameSite" pour limiter les risques de CSRF.

3.4. Protocole PPTP ou L2TP (sessions VPN)

- **Session VPN** : Dans PPTP ou L2TP, on établit une session logique, souvent couplée à un protocole d'authentification (MS-CHAPv2, EAP, etc.).

- **Menaces** :

  - Vol de la session VPN si les identifiants de session sont interceptés.

  - Rupture de session forcée, menant à la déconnexion du tunnel et la non-disponibilité du service.

  - Protocoles obsolètes (PPTP + MS-CHAPv2) peuvent être crackés facilement.

- **Mesures** :

  - Utiliser L2TP/IPsec ou OpenVPN/TLS.

  - Mettre en place un **renouvellement périodique** des clés de session.

  - Vérifier la robustesse de l'authentification (certificats, EAP-TLS, etc.).

4. Mécanismes de sécurisation dans la couche Session

4.1. Authentification forte et gestion des identifiants de session

Pour éviter la compromission d'une session, il est nécessaire de s'assurer que seul le titulaire légitime puisse l'initier ou la poursuivre :

1. **Authentification mutuelle** : Les deux parties s'authentiquent mutuellement (ex. certificats X.509, Kerberos, etc.).

2. **Gestion sécurisée du token** : Si la session est identifiée par un token (cookie, ID, ticket Kerberos), ce token doit être :

    o   Suffisamment **entropique** (aléatoire) pour qu'on ne puisse pas le deviner.

    o   Protégé au niveau transport (chiffrement, TLS) pour qu'on ne puisse pas l'intercepter en clair.

    o   Associé à une politique d'expiration et de renouvellement régulier.

3. **Renouvellement de session** : Après une phase sensible (login, changement de privilège), on "renouvelle" le token pour éviter la fixation de session.

4.2. Chiffrement et intégrité des échanges

*   **TLS, SSL ou équivalents** : Enveloppant la session dans un tunnel sécurisé, on rend l'interception des identifiants ou messages beaucoup plus difficile.

    On évite ainsi le sniffing passif.

*   **Signature** : Certains protocoles de session (SMB, RPC) proposent de "signer" les messages pour détecter une modification en transit.

*   **Points de synchronisation protégés** : Si l'on stocke un "numéro de checkpoint" ou un "compteur de messages", il peut être chiffré et signé pour prévenir les rejoues ou modifications.

4.3. Gestion de la durée et de l'inactivité

*   **Expiration automatique** : Une session ne devrait pas rester valide indéfiniment.

    Après un certain délai d'inactivité, la session est invalidée.

- **Déconnexion forcée** : Sur des applications critiques, la session est fermée après un temps maximal (ex. 1 ou 2 heures), même en cas d'activité, obligeant l'utilisateur à se réauthentifier.

- **Notification** : Informer l'utilisateur de la fin imminente de la session, pour qu'il puisse sauvegarder son travail ou prolonger la session si cela est justifié.

4.4. Synchronisation robuste (checkpoints)

- **Protection des marqueurs** : Les données de synchronisation (positions de reprise, offsets, etc.) doivent être protégées contre la falsification.

- **Stratégie de reprise** : Définir clairement la façon dont on reprend une session interrompue.

  Exiger une réauthentification si la session a été rompue plus de X minutes, ou si un certain nombre de checkpoints a été dépassé.

- **Journaux de reprise** : Dans des systèmes critiques (transactions bancaires, bases de données distribuées), les checkpoints sont reliés à des logs de transaction et peuvent exiger une validation cryptographique.

5. Éléments d'infrastructure et d'administration pour sécuriser la couche Session

5.1. Pare-feu et proxys de session

- **Pare-feu applicatif (WAF)** : Pour les applications Web, un WAF peut vérifier la cohérence des tokens de session, repérer des anomalies (double usage simultané d'un même ID depuis deux IP différentes, par exemple).

- **Reverse Proxy** : Peut gérer l'authentification SSO (Single Sign-On) et générer un token de session interne.

    La véritable session applicative n'est alors jamais exposée au client final (indispensable).

- **Filtrage de protocole** : Certains proxys intelligents (pour SMB, FTP, RPC) contrôlent la logique de session et bloquent les requêtes anormales (rejeu, numéros de séquence incohérents, etc.).

5.2. Serveurs d'authentification centralisés

- **Kerberos** : Mécanisme répandu dans les domaines Windows (Active Directory).

    Il fournit un ticket de session crypté et horodaté. Les services refusent tout ticket expiré ou altéré.

- **OAuth, OpenID Connect** : Pour les applications Web et mobiles, ces standards gèrent l'authentification centralisée et la distribution de tokens d'accès.

Lorsque la couche Session s'appuie sur de tels serveurs, elle bénéficie d'un cadre solide pour vérifier l'identité et la validité de chaque session, ainsi que pour appliquer des politiques (expiration, restrictions horaires, etc.).

5.3. Journalisation et surveillance

- **Traçabilité des sessions** : Consigner dans des logs qui a initié une session, quand, depuis quelle adresse IP, et quand la session s'est terminée.

- **Détection d'anomalies** :

- o Ouverture simultanée de trop nombreuses sessions depuis un même compte.

- o Sessions anormalement longues ou inactives.

- o Tentatives répétées de reprise sur un checkpoint obsolète.

- **Corrélation** : Un SIEM (Security Information and Event Management) peut recouper ces informations avec d'autres événements (alertes IDS, modifications suspectes) pour identifier des attaques plus complexes.

5.4. Haute disponibilité et résilience

- **Sessions répliquées** : Dans un cluster de serveurs, il est parfois nécessaire de répliquer les informations de session (ex. dans un site e-commerce).

  S'il y a bascule (failover), la session doit continuer sur un autre nœud.

- **Gestion sécurisée de la réplication** : Chiffrer ou signer les données de session répliquées pour qu'un attaquant ne puisse pas injecter de fausses sessions dans la base commune.

- **Load Balancing** : Un répartiteur de charge (load balancer) fait suivre les paquets au même serveur (affinité de session) ou partage la session via des mécanismes stateful.

  Il faut s'assurer que le jeton de session ne soit pas détourné dans le processus.

6. Méthodologie d'audit et tests de sécurité

6.1. Revue de la configuration et de la conception

- **Cartographier les sessions** : Identifier clairement comment se négocie et se maintient la session pour chaque service ou application. *Quels protocoles ?*
  Quels tokens ?
  Quelles durées ?

- **Examiner les logs** : Vérifier qu'on dispose de logs pertinents pour diagnostiquer les problèmes de session, repérer les accès anormaux, etc.

- **Conformité aux bonnes pratiques** : Les tokens de session sont-ils sécurisés (aléa suffisant, durée limitée, transmission via TLS) ?
  Y a-t-il un renouvellement après authentification ?

6.2. Tests d'intrusion (pentest) orientés session

- **Hijacking** : Tenter de voler un token (via injection XSS, sniffing sur un canal non chiffré, etc.) et vérifier si l'attaquant peut réutiliser ce token.

- **Fixation de session** : Forcer un utilisateur à adopter un token contrôlé par l'attaquant.
  Puis, après authentification du victime, l'attaquant voit s'il peut exploiter cette session.

- **Timeout** : Vérifier que, après un certain délai d'inactivité, la session expire réellement côté serveur.
  Parfois, seules les variables côté client sont remises à zéro, alors que la session reste active côté serveur.

- **Rejeu** : Réinjecter des messages passés (dans un protocole type RPC, SMB, etc.) pour vérifier si le serveur les accepte et exécute l'action de nouveau.

- **Stress test** : Saturer la table de sessions (ou la mémoire associée) en ouvrant des sessions multiples, voir si le système finit par refuser les nouvelles sessions légitimes, menant à un déni de service.

6.3. Validation de la sécurité en exploitation

- **Supervision continue** : Mettre en place des alertes si le nombre de sessions actives dépasse un certain seuil, ou si un compte ouvre des sessions dans un laps de temps trop court.

- **Analyse post-incident** : Quand un incident survient (session compromise), vérifier les traces pour comprendre comment l'attaquant a obtenu le jeton de session ou a manipulé le protocole.

  En déduire des correctifs pour éviter la récidive.

- **Mises à jour régulières** : Les protocoles évoluent (SMB v3, TLS 1.3, etc.). Les failles découvertes (ex. EternalBlue pour SMB) soulignent l'importance d'appliquer les patchs et de désactiver les anciennes versions.

7. Études de cas pratiques

7.1. Détournement de session sur une application web

Scénario : Un site de commerce en ligne utilise des cookies de session en clair (HTTP, pas de TLS), et ne régénère pas le cookie après login.

1. L'utilisateur se connecte sur le site sans HTTPS. Son cookie est transmis en clair à chaque requête.

2. Un attaquant sur le même réseau Wi-Fi intercepte le trafic (sniffing) et récupère le cookie de session.

3. Il se connecte au site avec ce cookie depuis sa propre machine.

Le serveur reconnaît le cookie comme valide, car aucune IP ou authentification supplémentaire n'est vérifiée ou le client utilise un Wifi d'hôtel, restaurant, etc.

4.   L'attaquant navigue sous l'identité de la victime, passant commande à son insu.

Contre-mesures :

- Forcer l'usage de HTTPS (TLS) pour toute page, incluant le moment où le cookie est délivré.

- Marquer le cookie comme "Secure" et "HttpOnly".

- Renouveler le cookie à chaque connexion et y associer un contrôle sur l'adresse IP ou l'agent client, si possible.

- Définir une expiration courte ou revalidation après certaines actions sensibles (changement de mot de passe, modification d'adresse de livraison).

7.2. Usurpation d'une session SMB (attaque sur un LAN)

Scénario : Un administrateur partage un dossier sur le réseau via SMBv1, sans signature des paquets, et utilise un challenge/réponse LM ou NTLMv1 obsolète.

1.   L'attaquant intercepte le trafic sur le LAN grâce à un ARP poisoning.

2.   Il capte le challenge et la réponse, utilise un outil pour casser la réponse ou rejouer la session.

3.   Il obtient les droits du compte administrateur sur le partage, récupérant ainsi des données sensibles ou installant un exécutable malveillant dans le dossier.

Contre-mesures :

- Désactiver SMBv1, migrer vers SMBv2/v3 avec signature et chiffrement des paquets (SMB Encryption).

- Utiliser Kerberos plutôt que NTLM (ou au moins NTLMv2) pour sécuriser l'authentification.

- Surveiller le réseau local via un IDS/IPS qui détecte les tentatives de poisoning ARP et la capture de trafic SMB.

- Segmenter le réseau pour que les stations non fiables ne soient pas sur le même VLAN que les serveurs critiques.

8. Bonnes pratiques globales pour la couche Session

Voici voici un ensemble de **règles d'or** :

1. **Toujours sécuriser le transport** : Que ce soit via TLS, SSH, IPsec, ou un autre protocole de chiffrement.

   Si la session circule en clair, elle est exposée au sniffing ou au détournement.

2. **Renforcer l'authentification** :

   o   Authentification mutuelle si possible.

   o   Mécanismes robustes (certificats, Kerberos, tokens signés).

   o   Limitation du nombre de sessions simultanées pour un même compte, si cela a du sens.

3. **Protéger les identifiants de session** :

   o   Générer des tokens longs, aléatoires, non prévisibles.

    o   Les envoyer uniquement sur un canal chiffré, marqués HttpOnly/Secure dans le cas de cookies web.

    o   Les stocker côté serveur de manière sûre, avec un mapping vers l'utilisateur et son état de session.

4. **Gérer la durée de vie :**

    o   Timeout d'inactivité.

    o   Expiration "absolue" (max-lifetime).

    o   Renouveler le token avant/après une opération critique (login, élévation de privilèges), envoi de messages etc.

5. **Inclure des mécanismes d'intégrité :**

    o   Signature des messages ou au moins un hashing du contenu pour détecter toute altération.

    o   Contrôle strict des points de reprise ou de synchronisation pour éviter le rejeu.

6. **Superviser et auditer :**

    o   Collecter les logs de session et les analyser.

    o   Détecter les pics inhabituels ou incohérences (même session depuis deux origines différentes).

    o   Mettre en place des alertes SIEM et des audits de configuration réguliers.

7. **Tenir compte du contexte :**

    o   Les protocoles plus anciens (SMBv1, PPTP, Telnet, etc.) sont à proscrire ou à entourer de défenses si on ne peut pas les supprimer.

- o Les interactions client-léger (notamment sur le Web) imposent des mesures spécifiques (cookies, authentification par jetons, etc.).

- o Les sessions de type "machine-to-machine" (API, microservices) peuvent nécessiter du OAuth2, des certificats mutuels, etc.

9. Limites et évolutions

9.1. Flou entre couche Session et couche Application

Dans beaucoup d'implémentations actuelles, la logique de session se confond avec la couche Application.

Par exemple, HTTP/2 gère la multiplexation et une forme de session (streams), SSH encapsule la session interactive, etc.

Du point de vue OSI, on peut dire que des fonctions de couche Session sont intégrées dans ces protocoles "de plus haut niveau".

Conséquence : L'architecte réseau doit parfois scruter la documentation du protocole (ou de l'application) pour comprendre où est gérée la session, comment elle s'établit, et quels mécanismes de sécurité sont intégrés ou absents.

9.2. Montée en puissance des standards "sécurisés" par défaut

De nombreux protocoles évoluent pour intégrer nativement du chiffrement et une meilleure gestion de session :

- **SMB 3.1.1** : Chiffrement AES, authentification renforcée, signature obligatoire.

- **TLS 1.3** : Handshake plus rapide, ciphers modernes, réduction de la surface d'attaque.

- **HTTP/3 (QUIC)** : La session n'est plus strictement TCP, mais un transport custom au-dessus d'UDP, avec chiffrement dès le départ.

  L'aspect session y est géré via un identifiant de connexion QUIC.

9.3. Approches Zero Trust

Le concept de **Zero Trust Network** implique que chaque session doit être ré-authentifiée ou contrôlée, même en interne.

On ne fait plus confiance par défaut à un segment de réseau local.

Ainsi, on multiplie :

- Les contrôles d'identité (tokens JWT, OAuth).

- Le chiffrement interne (TLS partout).

- Les validations de posture (est-ce un endpoint reconnu ?).

Cette philosophie intensifie l'importance de bien gérer les sessions, car on considère que toute connexion, même sur le LAN, doit être traitée comme potentiellement hostile.

10. Conclusion

La **couche Session** occupe une place subtile dans la hiérarchie OSI.

Elle prend en charge la coordination et la continuité entre les applications, assurant que l'échange n'est pas qu'un simple flot de segments (couche Transport), mais une **interaction structurée** qui peut durer, se synchroniser, se rétablir et se conclure proprement.

Pourtant, cette couche est également un **champ de bataille** pour la sécurité :

- De la **banale usurpation de cookie** dans une application web, jusqu'à des détournements complexes de sessions SMB, RPC ou VPN,

- Des **anciennes failles** (PPTP non chiffré, NTLMv1, etc.) aux **attaques modernes** (hijacking de tokens OAuth, sabotage de sessions TLS partiellement établies),

... on observe que les menaces ciblant la session peuvent conduire à la compromission totale d'une application ou à un déni de service massif.

Afin de se prémunir, toute architecture sérieuse doit :

1. **Identifier clairement** comment sont gérées les sessions (protocoles, tokens, modes de synchronisation).

2. **Appliquer des contrôles robustes** : authentification forte, chiffrement, rotation ou renouvellement des identifiants, expiration stricte.

3. **Contrôler l'intégrité** des échanges et la cohérence de l'état de session, pour éviter les rejeux, la prise d'otage ou l'injection malicieuse.

4. **Configurer et superviser** l'ensemble des dispositifs (pare-feu, proxys, serveurs d'authentification, logs) de sorte à détecter et bloquer rapidement les anomalies.

5. **Évoluer vers des protocoles modernes** (versions récentes de TLS, SMB, HTTP/3, etc.) qui proposent nativement une meilleure sécurité de session.

En résumé, la couche Session, même si elle est moins "visible" que la couche Application ou la couche Réseau, recèle des **mécanismes critiques** pour le maintien d'une communication fiable et protégée.

Sa sécurisation requiert un mélange de **bonnes pratiques techniques** (chiffrement, authentification, points de synchronisation) et **organisationnelles** (politiques d'expiration, audits, surveillance).

Couche 6 : Sécurisation de la couche Présentation

Introduction

La **sixième couche** du modèle OSI, appelée **couche Présentation**, remplit un rôle déterminant dans l'échange de données entre applications.

Elle se trouve **juste au-dessus** de la couche Session (couche 5) et **juste en dessous** de la couche Application (couche 7).

Son objectif principal est de gérer la **représentation** (format, syntaxe, encodage) de l'information qui transite d'un système à un autre.

Autrement dit, elle assure que les données générées par une application sur un ordinateur A puissent être correctement interprétées par une application sur un ordinateur B, indépendamment des différences de format interne, de jeu de caractères, d'architecture matérielle, etc.

La couche Présentation prend donc en charge :

- Le **chiffrement** et le **déchiffrement** des données (dans une vision OSI "théorique").

- La **compression** et la **décompression**.

- La **conversion** de formats (par exemple, d'ASCII à EBCDIC, d'un type de structure à un autre).

Dans la réalité des réseaux IP modernes, ces fonctions peuvent être assurées à divers niveaux, parfois directement dans la couche Application (par exemple, TLS est souvent vu comme étant entre la couche Transport et la couche Application, ou faisant partie de l'application).

Néanmoins, le modèle OSI propose explicitement un niveau dédié à ces transformations afin d'en séparer clairement la logique.

Sur le plan de la **sécurité**, la couche Présentation joue un rôle fondamental :

- Si l'on veut s'assurer de la **confidentialité** et de l'**intégrité** des données, c'est souvent ici (ou juste au-dessus) que l'on applique du chiffrement.

- Les formats de données peuvent être la cible de manipulations malveillantes (injections, corruption de fichiers, altération des métadonnées).

- Une implémentation incorrecte d'un algorithme de compression ou de conversion peut engendrer des vulnérabilités (débordement de mémoire, exécution de code arbitraire, etc.).

Dans ce chapitre, nous allons détailler :

1. Les **rappels** sur les missions et mécanismes de la couche Présentation.

2. Les **menaces** et vulnérabilités qui touchent ce niveau (formats non sécurisés, attaques sur la compression ou le chiffrement).

3. Les **bonnes pratiques** et **outils** de sécurisation (protocoles de chiffrement, signatures, contrôle d'intégrité, gestion appropriée des formats).

4. L'**audit** et la **surveillance** de ces aspects pour garantir une chaîne de communication sûre de bout en bout.

En approfondissant la sécurisation de la couche Présentation, nous poursuivons notre démarche de **défense en profondeur** : après avoir sécurisé l'infrastructure physique (couche 1), la couche Liaison (2), le routage (3), la fiabilité du transport (4) et la gestion des sessions (5), il est désormais temps de nous assurer que la **façon dont les données sont encodées, cryptées et formatées** n'ouvre pas la porte à des attaques.

1. Rappels sur la couche Présentation

1.1. Rôle de la couche Présentation dans le modèle OSI

Le modèle OSI a été conçu de manière à **isoler** chaque ensemble de fonctions dans une couche spécifique. La couche Présentation est censée :

- **Normaliser l'échange de données** : Les systèmes peuvent employer différentes représentations internes (endianness, jeux de caractères, formats structurés).

  Rappel : Endianness : est l'ordre dans lequel la mémoire de l'ordinateur stocke une séquence d'octets.

  La couche Présentation unifie ces données dans un format commun pour la transmission.

- **Faciliter le chiffrement/déchiffrement** : De nombreuses implémentations placent le chiffrement au niveau de la couche Transport (via TLS, par exemple).

  Mais, dans l'esprit OSI, c'est la couche Présentation qui gère cette transformation.

- **Gérer la compression et la décompression** : Pour optimiser les échanges, il est possible de compresser les données avant l'envoi.

La **différence** avec la couche Session (couche 5) réside dans le fait que la session gère la "conversation" (établissement, maintien, reprise), tandis que la couche Présentation concerne la **façon** dont l'information est effectivement "mise en forme" pour être transmise ou lue.

1.2. Exemples de mécanismes liés à la couche Présentation

- **ASN.1 (Abstract Syntax Notation One)** : Employée dans de nombreux protocoles (SNMP, LDAP, X.509). ASN.1 décrit la structure des données de manière indépendante de la machine, permettant un encodage BER, DER, etc.

- **TLS/SSL** : Dans une optique OSI puriste, la transformation cryptographique qu'opère TLS relèverait de la couche Présentation (même si en pratique, on la considère souvent à mi-chemin entre Transport et Application).

- **MIME (Multipurpose Internet Mail Extensions)** : Définit comment représenter des fichiers (texte, image, audio, binaire) dans des e-mails.

  On peut y voir une composante "Présentation" : encodage Base64, quoted-printable, etc.

- **XML, JSON** : Formats de données textuelles.

  Leur parsing (analyse syntaxique) est parfois conceptualisé comme de la "présentation", même si très souvent, ces formats sont directement pris en charge par l'application.

2. Menaces et vulnérabilités liées à la couche Présentation

2.1. Vulnérabilités dans l'implémentation des formats

De nombreuses failles sont liées à la **façon** dont un logiciel parse ou manipule un format de données :

- **Débordement de tampon (buffer overflow)** : Si le parseur ASN.1, XML ou autre est mal codé, un champ trop long peut écraser la mémoire et permet l'exécution de code malveillant.

- **Attaques par désérialisation** : Dans certains langages (Java, PHP, Python), la désérialisation d'objets peut exécuter des méthodes arbitraires s'il n'y a pas de mécanismes de validation ou de signature.

- **Attaques XML (XML External Entity, XXE)** : Des entités externes malveillantes peuvent être insérées dans un document XML, donnant accès à des fichiers locaux ou permettant un scan interne.

- **Compression Bomb** : Sur un système qui décompresse automatiquement un fichier (ZIP, GZIP), une archive spécialement conçue (zip bomb) peut exploiter un ratio de compression extrême pour saturer la machine lors de la décompression.

2.2. Attaques sur le chiffrement et la négociation de protocoles

Lorsque l'on parle de **chiffrement** dans la couche Présentation, on fait référence à la façon dont le protocole et ses algorithmes sont sélectionnés et gérés :

- **Downgrade attacks** : Un attaquant force la négociation vers un algorithme ou une version obsolète (exemple : forcer SSLv3 au lieu de TLS 1.2).

- **Faiblesse cryptographique** : Des algorithmes comme RC4, 3DES, ou DES sont désormais considérés comme peu sûrs. Les laisser activés par défaut ouvre des brèches.

- **Man-in-the-Middle sur la négociation** : Avant que la clé de session ne soit fixée, un attaquant pourrait s'intercaler et tromper les deux parties (attaque type "Stripping TLS").

2.3. Corruption ou altération de la structure des données

- **Man-in-the-Middle** : Même si la session est chiffrée, il peut exister des scénarios où la structure des données (métadonnées, en-têtes) n'est pas protégée.

  Un attaquant pourrait altérer les champs critiques ou injecter du contenu inattendu.

- **Format injection** : Dans des formats comme JSON, CSV ou XML, il arrive que l'application assemble des champs issus de l'utilisateur sans échapper correctement les caractères spéciaux.

  On obtient alors une injection, menant à un usage non prévu ou à une rupture de parse.

2.4. Faille dans la compression (CRIME/BREACH)

- **CRIME** : Une vulnérabilité historique dans TLS lorsqu'il combine compression du canal et cookies secrets.
  L'attaquant pouvait déduire, le contenu secret en jouant sur la taille du message compressé : mots de passe trop simple par exemple.

- **BREACH** : Variante spécifique à HTTP compréssé, où on devine un token secret inséré dans le corps en manipulant la taille des requêtes.

Ces exemples illustrent comment une **fonctionnalité** a priori utile (la compression) peut se transformer en vecteur d'attaque si elle n'est pas mise en œuvre avec prudence.

3. Mécanismes de sécurisation propres à la couche Présentation

3.1. Contrôle d'intégrité et signature des données

Outre la simple conversion de format, la couche Présentation peut associer aux données un **code d'authentification** ou une **signature numérique** :

- **HMAC (Hash-based Message Authentication Code)** : L'expéditeur calcule un HMAC sur le contenu avec une clé partagée.

  Le destinataire vérifie ce HMAC pour être sûr que les données n'ont pas été modifiées.

- **Signature asymétrique** : Au lieu d'une clé symétrique, on utilise une paire de clés (privée/publique), par exemple RSA ou ECDSA.

  Cela permet la non-répudiation et l'authentification de la source.

- **Empreinte (hash) stockée** : Parfois, l'application calcule un hash (SHA-256, SHA-3, etc.) et l'attache aux données.

  Avant lecture, le récepteur compare le hash pour détecter toute corruption.

Le fait de vérifier l'intégrité à ce niveau évite les insertions ou modifications arbitraires, même si un attaquant est parvenu à contourner ou affaiblir la couche Transport en dessous.

3.2. Chiffrement fort

- **AES (Advanced Encryption Standard)** : Aujourd'hui considéré comme le standard pour le chiffrement symétrique.

- **TLS v1.3 ou v1.2 :** Permet l'établissement d'un canal chiffré et authentifié.

  Dans une vision OSI, on dirait que la couche Présentation gère ce chiffrement, même si, en pratique, TLS est souvent vu comme un protocole "entre" couche 4 et 7.

- **Éviter les algorithmes obsolètes** : DES, RC4, MD5, SHA-1 ne doivent plus être employés dans un contexte de haute sécurité.

3.3. Validation stricte des formats

Pour prévenir les attaques liées au parsing :

- **Validation syntaxique** : Employer des bibliothèques robustes, régulièrement mises à jour.

  Vérifier que la grammaire du format est respectée.

- **Limitation de taille et de structures imbriquées** : Éviter l'explosion d'arborescences XML ou JSON trop profondes (billion laughs attack, etc.).

- **Désérialisation sûre** : Désactiver les mécanismes de chargement automatique de classes ou d'exécution de constructeurs, si possible.

  Signer ou tamponner les objets avant désérialisation.

- **Filtrage ou escaping** : Dans les formats textuels (XML, JSON), échapper scrupuleusement les guillemets, chevrons, etc., quand ils proviennent de données non fiables.

3.4. Contrôle de la compression

- **Désactiver la compression TLS** : Depuis CRIME et BREACH, il est recommandé de désactiver la compression SSL/TLS côté serveur.

- **Limiter la compression au niveau applicatif** : Si l'on a besoin de compresser les données, mieux vaut le faire en amont, sur le contenu statique ou non sensible.

- **Vérifier l'implémentation** : S'assurer que le code chargé de *la décompression n'autorise pas des tailles exorbitantes* ou un ratio de décompression infini (prévenir les ZIP bombs).

4. Cadres d'application et scénarios concrets

4.1. Communications chiffrées (TLS/SSL) pour les applications Web

- **HTTPS** : Repose sur TLS pour chiffrer les requêtes et réponses HTTP.

  Même si l'on place souvent TLS "entre" la couche Transport (TCP) et la couche Application (HTTP), dans le concept OSI, c'est clairement une fonction de "présentation" (mise en forme et cryptage).

- **Menaces résiduelles :**

  o Si le serveur autorise SSLv2 ou SSLv3, un attaquant peut tenter un "SSL downgrade".

Solve DSI

- o Les suites de chiffrement "weak" (export-grade) doivent être désactivées.

- o Les certificats autofirmés ou expirés réduisent la confiance.

- **Bonnes pratiques** :

    - o Utiliser des certificats reconnus, un algorithme SHA-256 ou supérieur pour la signature, et un minimum de 2048 bits pour RSA ou courbes Elliptiques robustes.

    - o Désactiver la compression TLS pour éviter CRIME/BREACH.

    - o Mettre à jour régulièrement la bibliothèque TLS (OpenSSL, NSS, etc.) pour corriger les failles (ex. Heartbleed).

4.2. Protocoles basés sur ASN.1 (SNMP, LDAP, X.509, etc.)

- **ASN.1** est un langage de description de données utilisé dans :

    - o Les certificats X.509 (SSL/TLS).

    - o Le protocole SNMP (pour l'administration réseau).

    - o Le protocole LDAP (annuaire).

- **Risques** :

    - o L'implémentation ASN.1 est complexe, et des vulnérabilités ont été découvertes par le passé (ex. OpenSSL, encodeurs/décodeurs SNMP).

    - o Des champs mal formés ou intentionnellement corrompus peuvent déclencher un débordement ou un plantage du parseur.

- **Recommandations** :

- o Employer des parseurs ASN.1 éprouvés, régulièrement audités et patchés.

- o Activer la validation stricte des structures (BER, DER, CER).

  Par exemple, dans le cas des certificats, vérifier la validité de l'encodage DER.

- o Pour SNMP, privilégier SNMPv3 (cryptage et authentification), car SNMPv1 et v2c envoient souvent les chaînes "community" en clair.

4.3. Fichiers de bureautique et macros

Bien que cela semble relever de la couche Application, le format des documents (Office, PDF) et la façon dont ils s'ouvrent/analysent dépendent en partie d'une fonction de présentation.

Les macros ou scripts incorporés (VBA, JavaScript dans PDF) peuvent être **véhiculés** via des formats complexes :

- **Attaques :**

  - o Insertion de macros malveillantes (par exemple, un Trojan dans un document Word).

  - o PDF exploitant des vulnérabilités de parse (PDFium, etc.).

- **Contre-mesures :**

  - o Désactiver les macros par défaut, ou n'autoriser que des macros signées.

  - o Scanner les fichiers en amont (antivirus, sandbox).

  - o Mettre à jour les lecteurs PDF et suites bureautiques.

4.4. Systèmes de messagerie et e-mails

Le standard **MIME** permet d'encapsuler toutes sortes de contenus (texte, HTML, images, archives) dans un e-mail. Le parseur MIME, s'il est vulnérable, peut être exploité :

- **Exploitation** :
  - Encodage Base64 mal géré, menant à des débordements.
  - Type de fichier trompeur (double extension).
  - Fichiers joints compressés menant à un ZIP bomb.

- **Sécurisation** :
  - Filtrage en amont (passerelle antispam, antivirus).
  - Bloquer ou isoler les types de fichiers à risque (scripts, exécutables).
  - Vérification stricte de la cohérence MIME (le champ Content-Type doit correspondre à l'extension effective).

5. Outils et technologies de la couche Présentation

5.1. Bibliothèques de cryptographie et de parsing

- **OpenSSL** : Offre des fonctions de chiffrement (AES, RSA, ECC), de signature (HMAC, etc.), et supporte différentes méthodes d'encodage (Base64...).

- **LibreSSL, BoringSSL, WolfSSL** : Forks d'OpenSSL visant à améliorer la sécurité ou la performance.

- **Parsing XML/JSON** : Xerces, libxml2, RapidJSON, Jackson, etc. Des bibliothèques répandues mais qui doivent être mises à jour et configurées de manière sûre (par exemple, désactiver les entités externes XML).

- **ASN.1** : Librarie "libasn1c", "asn1crypto" en Python, etc.

5.2. Protocoles de négociation sécurisés

- **STARTTLS** : Dans les protocoles comme SMTP, IMAP, POP3, permet de passer d'une connexion en clair à une connexion chiffrée TLS au sein de la même session.

- **ALPN (Application-Layer Protocol Negotiation)** : Permet, durant l'établissement TLS, de décider si on va parler HTTP/1.1 ou HTTP/2 (ou un autre protocole).

- **OCSP Stapling** : En lien avec TLS, pour éviter les requêtes directes au serveur OCSP et limiter les risques de "revocation check" contourné.

5.3. Solutions de surveillance et filtrage

- **WAF (Web Application Firewall)** : Peut inspecter les flux HTTP/HTTPS, détecter les anomalies dans les formats JSON, XML, SOAP, etc.

- **IDS/IPS** : Certains systèmes d'intrusion analysent la structure des paquets au niveau applicatif (même si c'est plus la couche 7) pour repérer des tentatives d'attaque sur la partie "présentation".

- **DLP (Data Loss Prevention)** : Analyse le contenu pour repérer des fuites de données sensibles (numéros de carte, informations personnelles). Se fonde sur l'interprétation du format (ex. PDF, Excel).

6. Organisation de la sécurité et bonnes pratiques

6.1. Politique de chiffrement et de formats

- **Politique de cryptographie** : Définir les algorithmes autorisés (AES-256, RSA-2048, ECDSA P-256, etc.), les durées de validité des clés, les protocoles bannis (SSLv3, RC4).

- **Charte d'échange de données** : Lister les formats acceptés, les règles de conversion.

  Interdire les formats exotiques ou jugés trop risqués (ex. documents bureautiques macros-enabled dans certaines zones critiques).

- **Vérifications à l'interface** : Chaque fois qu'on reçoit un fichier ou qu'on envoie un document, imposer un filtrage antivirus/antimalware, une inspection syntaxique, etc.

6.2. Mises à jour et patch management

- **Bibliothèques de parsing** : Les parseurs ASN.1, XML, JSON, PDF, etc., doivent être maintenus à jour pour corriger les vulnérabilités publiées.

- **TLS/SSL** : Tenir à jour OpenSSL ou équivalent. Suivre les alertes de sécurité (ex. Heartbleed, Padding Oracle, etc.).

- **Systèmes d'exploitation et applications** : Parfois, des composants "noyau" gèrent la compression ou le chiffrement (ex. IPComp, IPsec). Les mises à jour OS sont donc indispensables.

6.3. Contrôles et audits internes

- **Test d'intrusion** : Simuler des attaques de type injection XML, failles ASN.1, ou manipulation de négociation TLS.

- **Analyse statique de code** : Rechercher des vulnérabilités dans la gestion des buffers, la désérialisation, la validation des champs.

- **Revue de configuration** : Regarder quels algorithmes sont activés dans le serveur TLS, quelles options de compression sont paramétrées, etc.

- **Surveillance continue** : Mettre en place des sondes ou logs pour détecter des anomalies (fichiers inhabituels, ratio de compression suspect, rechutes sur des protocoles obsolètes).

7. Méthodes d'audit de la couche Présentation

7.1. Revue de code et configuration

- **Liste des bibliothèques** : Identifier quelles librairies de parsing ou de cryptographie sont utilisées.

  Noter leurs versions, dates de patch, etc.

- **Analyse SAST (Static Application Security Testing)** : Outillage pour repérer les fonctions dangereuses (strcpy, memcpy sans vérification, etc.), la désérialisation non contrôlée, l'activation de compression TLS.

- **Recherche de formats exotiques** : Parfois, des formats propriétaires "maison" contiennent des failles car ils n'ont pas été soumis à un examen de sécurité approfondi.

7.2. Tests dynamiques (DAST, Pentest)

- **Fuzzing** : Injecter des données aléatoires ou malformées dans le parseur (XML, ASN.1, JSON). Voir si l'application plante ou se comporte étrangement.

- **Test de protocoles** : Simuler une négociation TLS et tenter un downgrade.

  Essayer de surcharger la compression.

  Vérifier l'acceptation de certificats autofirmés ou expirés.

- **Injection** : Tester, côté application Web, des charges XML ou JSON contenant des entités externes, des champs imbriqués excessivement, etc.

7.3. Suivi des incidents et retours d'expérience

- **Journalisation** : Conserver des logs détaillés sur les erreurs de parsing, les plantages liés à la désérialisation, ou les messages d'alerte cryptographiques.

- **Post-mortem** : Après un incident, analyser précisément le vecteur d'attaque.

  - Était-ce un parseur vulnérable ?
  - Un protocole chiffré mal configuré ?
  - Une ZIP bomb ?

- **Plan d'amélioration continue** : Mettre en place des règles de codage sécurisées, adopter des librairies robustes, interdire certaines fonctions jugées risquées.

8. Tendances actuelles et évolutions

8.1. Shift vers l'"Application-level" Security

Dans les architectures modernes (microservices, API REST, etc.), la frontière entre couche Présentation et couche Application est parfois floue.

Cependant, on assiste à une consolidation des principes de sécurité :

- **Chiffrement par défaut** : La quasi-totalité des communications se fait sur HTTPS/TLS ou des VPN chiffrés.

- **JSON Web Tokens (JWT)** : Des tokens signés (HMAC ou RSA/ECDSA) pour l'authentification et l'autorisation.

  C'est un exemple typique de "présentation" (format, signature) géré souvent au niveau app.

- **Schemas et validations** : Les API REST ou GraphQL imposent parfois des schémas stricts (JSON Schema, etc.) pour empêcher l'injection.

8.2. Protocoles simplifiés et standardisés

- **HTTP/2 et HTTP/3** : Intègrent de plus en plus de fonctions (compression, multiplexage, chiffrement, etc.).

- **Format binaire** : On voit l'émergence de protocoles binaires qui sont plus compacts et encadrés.

  Mais ils exigent un parseur encore plus rigoureux pour éviter les vulnérabilités.

8.3. Zero Trust Architecture

Les approches Zero Trust soulignent que **toute** communication, même interne, doit être chiffrée et validée.

Ainsi, la "présentation" sécurisée (chiffrement, signature) n'est pas seulement réservée aux communications externes, mais se généralise :

- Authentification mutuelle.

- Validation stricte des données.

- Logs et audits constants.

9. Conclusion

La **couche Présentation** du modèle OSI est souvent négligée dans la pratique contemporaine, car de nombreux protocoles fusionnent cette couche avec l'Application ou la Transport.

Pourtant, **comprendre** et **sécuriser** ses principes fondamentaux reste incontournable pour qui veut bâtir une **défense en profondeur** cohérente.

En effet, la **manipulation des formats** (XML, JSON, ASN.1, MIME...) et la **gestion du chiffrement** sont des points de passage critiques pour la sécurité :

1. **Erreur de parsing** ou **désérialisation dangereuse** : on ouvre la porte à l'exécution de code arbitraire ou à des dénis de service.

2. **Mauvaises configurations cryptographiques** : on s'expose à des attaques de type downgrade, ou on emploie des suites faibles qui compromettent la confidentialité.

3. **Gestion incorrecte de la compression** : CRIME, BREACH, ZIP bomb sont autant de menaces subtiles.

C'est pourquoi toute organisation doit :

- **Sélectionner et maintenir à jour** des librairies de parsing ou de cryptographie solides.

- **Définir une politique claire** sur les algorithmes autorisés, les formats acceptés, la compression, la désérialisation.

- **Réaliser des audits** (fuzzing, pentests, analyses de code) pour repérer les vulnérabilités spécifiques à ce niveau.

- **Monter en compétence** ses équipes sur ces questions souvent techniques (mise en œuvre de TLS, validation d'ASN.1, protection contre les ZIP bombs, etc.).

À travers ces mesures, la couche Présentation devient un atout supplémentaire pour **assurer l'intégrité, la confidentialité et la robustesse** des communications, en complément des sécurités déjà mises en place dans les couches précédentes.

Couche 7 : Sécurisation de la couche Application

Introduction

La **septième couche** du modèle OSI, appelée **couche Application**, se situe tout en haut de la pile.

Elle représente l'interface directe entre l'utilisateur (ou le processus métier) et les services réseau sous-jacents.

Dans l'implémentation concrète d'Internet, on parle souvent de "protocoles applicatifs" (HTTP, DNS, SMTP, FTP, etc.) qui s'appuient sur les couches inférieures (Transport, Réseau, Liaison, etc.) pour acheminer les données.

Dans le cadre du modèle OSI, la couche Application regroupe la **logique métier**, l'**interface utilisateur**, et l'**ensemble des protocoles** qui rendent possibles les fonctionnalités avancées (messagerie, navigation web, transfert de fichiers, résolution de noms, accès à des bases de données, etc.).

Lorsqu'on parle de **sécurité** à ce niveau, on touche souvent à la **dernière étape** (ou la première, selon le point de vue) où l'utilisateur interagit avec le système.

C'est donc un **point critique**, car la surface d'attaque est immense :

- Les vulnérabilités de la couche Application permettent souvent d'**outrepasser** ou de **contourner** certaines protections mises en place aux couches inférieures.

- Les données et les identités manipulées à ce niveau sont directement liées aux ressources critiques (comptes utilisateur, transactions financières, archives sensibles, etc.).

- Les menaces peuvent être **très variées** : injections SQL, Cross-Site Scripting, prise de contrôle d'API, exécution de code à distance, attaques par déni de service au niveau applicatif, phishing, etc.

Ce chapitre va donc explorer, en profondeur, la **couche Application** dans une perspective de sécurisation, en s'appuyant sur plus de trente ans de pratique en matière de développement d'applications.

Nous analyserons :

1. Le **rôle** de la couche Application dans le modèle OSI, ses interactions avec les autres couches.

2. Les **menaces** et vulnérabilités courantes (injections, vols de données, détournement de sessions, ransomwares, etc.).

3. Les **principaux protocoles** et leurs problématiques spécifiques (HTTP/HTTPS, DNS, SMTP, FTP, etc.), avec les failles les plus répandues et les contre-mesures.

4. Les **bonnes pratiques** pour concevoir et administrer des applications robustes : politiques d'authentification, segmentation logique, audits, etc.

5. Les outils et les méthodes **d'audit et de tests** pour assurer que la couche Application est correctement protégée.

En traitant de cette dernière brique du modèle OSI, nous complétons ainsi la vision globale de la **défense en profondeur** : la sécurité ne se limite pas à une simple configuration de pare-feu ou de chiffrement de transport, elle implique également des mécanismes métiers, de la sensibilisation des utilisateurs et un suivi rigoureux des vulnérabilités applicatives.

1. Rappels sur la couche Application et ses enjeux

1.1. Rôle fondamental : l'interface avec l'utilisateur

La couche Application est ce qui **matérialise** le service final.

Par exemple, quand on ouvre un navigateur web pour se connecter à un site e-commerce, le protocole http ou https (couche Application) va encapsuler la requête de l'utilisateur, récupérer la page, et interagir avec la couche Transport (TCP/UDP), la couche Réseau (IP) et ainsi de suite, de manière transparente.

- **Couche la plus exposée** : Puisque l'utilisateur (ou un autre système) interagit directement avec l'application, la surface d'attaque est souvent maximale ici.

  Chaque champ de formulaire, chaque fichier uploadé, chaque paramètre d'URL peut potentiellement servir de vecteur à une attaque.

- **Variété des protocoles et des contextes** : On englobe autant la navigation web (HTTP, HTTPS), la messagerie (SMTP, IMAP, POP), le transfert de fichiers (FTP, SFTP), la téléphonie sur IP (SIP, RTP), que d'autres services plus spécifiques (RPC, SNMP à un niveau applicatif, etc.).

- **Données manipulées** : À ce niveau, on traite la sémantique métier (contenu d'un mail, données d'un panier e-commerce, informations de login, etc.).

  La confidentialité et l'intégrité de ces données sont nécesaires pour la confiance des utilisateurs.

1.2. Évolution historique de la couche Application

Au fil des décennies, les protocoles applicatifs ont énormément évolué :

- Les protocoles **en clair** (FTP, Telnet, HTTP, SMTP non chiffré) ont dominé les premières années d'Internet, car la priorité était la simplicité et l'ouverture.

- Les problématiques de sécurité ont poussé à l'intégration de **couches de chiffrement** ou à la création de versions sécurisées (FTPS, SSH, HTTPS, SMTPS, etc.).

- Aujourd'hui, on tend vers un usage quasi systématique du **TLS** (chiffrement), des **authentifications fortes** (OAuth, SAML, Kerberos, certificats X.509), et d'un **filtrage** avancé des données (WAF, IPS).

Malgré ces progrès, de nombreuses failles persistent dans les applications elles-mêmes : injection SQL, mauvaise gestion de sessions, fuites de données, problèmes de configuration...

2. Menaces et vulnérabilités courantes au niveau Application

2.1. Injections (SQL, NoSQL, LDAP, OS Command)

L'injection se produit lorsqu'un attaquant **insère** des données malveillantes dans un paramètre pris en compte par l'application, lequel n'est pas correctement filtré ou échappé.

1. **Injection SQL** : L'attaquant manipule une requête SQL pour lire ou modifier la base de données à l'insu de l'application.

   Ceci permet le vol d'informations (ex. mots de passe, cartes bancaires) ou même l'effacement de tables.

2. **Injection NoSQL** : Les bases NoSQL ne sont pas épargnées.

    Des requêtes JSON/MongoDB, par exemple, peuvent être altérées si on n'échappe pas correctement les paramètres.

3. **Injection LDAP** : Permet de contourner l'authentification ou d'extraire des informations d'annuaire si l'application utilise LDAP en backend.

4. **Command injection** : Certaines applications exécutent des commandes du système d'exploitation (shell) en utilisant des paramètres fournis par l'utilisateur.

    Sans vérification stricte, on peut injecter des commandes arbitraires.

2.2. Vol ou détournement de sessions (session hijacking)

À la **couche Session** (5) nous avons vu comment un cookie ou un token peuvent être dérobés et utilisés à mauvais escient.

À la **couche Application**, ce vol de session peut se traduire par :

- **Usurpation de compte** : Un attaquant se fait passer pour un utilisateur légitime.

- **Altération de transactions** : Il change une commande, modifie des paramètres de facturation, etc.

- **Installation de backdoor** : Sur des applications d'administration, voler une session admin permet un contrôle total.

Souvent, la faille vient de l'absence de chiffrement (HTTP au lieu de HTTPS) ou d'un mécanisme de session trop laxiste (tokens prévisibles, absence de vérification d'IP ou d'User-Agent, etc.).

2.3. Cross-Site Scripting (XSS)

Le **XSS** survient lorsqu'une application web renvoie à l'utilisateur des données non filtrées, contenant du code JavaScript (ou autre) inséré par l'attaquant.

- **XSS persistant** : Le code malveillant est stocké sur le serveur (dans une base de données, un commentaire de blog, un profil utilisateur) et touche tous ceux qui consultent le contenu infecté.

- **XSS réfléchi** : Se produit lorsqu'une entrée malicieuse (paramètre d'URL, champ de formulaire) est immédiatement renvoyée dans la page de réponse sans nettoyage.

- **Impacts** : Vol de cookies de session, redirection vers des sites de phishing, exécution de scripts malveillants dans le navigateur des victimes.

2.4. Attaques ciblant les APIs et microservices

Avec la montée des **architectures microservices** et des APIs REST/GraphQL, on voit apparaître de nouvelles vulnérabilités :

- **Manque d'authentification granulaire** : Les endpoints d'API peuvent être exposés publiquement sans contrôles suffisants.

- **Overposting/Underposting** : L'API accepte plus de champs que prévu et peut permettre de modifier des attributs sensibles (changement de rôle, etc.).

- **Rate Limiting insuffisant** : Une API non limitée en débit subit des attaques par force brute ou des DDoS applicatifs.

- **Défaut de validation** : Absence de schéma strict (JSON Schema) ouvre la voie à des injections ou à des crashes par des structures JSON malformées.

2.5. Ingénierie sociale et phishing

Solve DSI

À la couche Application, on intègre également la **dimension utilisateur** :

- **Phishing** : L'attaquant envoie un e-mail imitant un service légitime, conduisant la victime sur un site factice (souvent un clone du site officiel) pour y dérober ses identifiants.

- **Attaques par macros** : Un document bureautique (Word, Excel) inclut des macros malveillantes.

  L'utilisateur fait confiance au fichier, l'ouvre, et déclenche un script qui infecte la machine.

- **Rogue apps** : Des applications mobiles ou des logiciels pirates se font passer pour un service légitime et récoltent des données confidentielles.

2.6. Déni de service (DoS) au niveau applicatif

Les attaques DoS ne se limitent pas aux couches basses (inondation SYN, etc.).

À la couche Application, un seul requérant peut provoquer :

- **Load intense** : Enchainer des requêtes complexes (ex. requête SQL coûteuse) ou forcer la génération de PDF volumineux.

- **Injections d'entrée volumineuse** : Soumettre d'énormes fichiers en upload ou des structures JSON/XML profondément imbriquées pour saturer la mémoire.

- **Attaques sur la logique** : Par exemple, réexécuter en boucle un calcul sur un site d'e-commerce, saturant le CPU du serveur.

3. Principaux protocoles et vulnérabilités associées

3.1. HTTP/HTTPS

HTTP est le protocole le plus répandu pour le web.

Par extension, on l'utilise pour d'innombrables APIs et services. Les failles spécifiques incluent :

- **Headers HTTP dangereux ou mal configurés** : Pas de X-Frame-Options, pas de Content-Security-Policy, leading à du clickjacking ou un XSS facilité.

- **Contrôle d'accès insuffisant** : URL devinables (ex. /admin), absence de filtrage sur les méthodes (PUT, DELETE) dans certains contextes.
  Configurations et adresses connues de WordPress par exemple.

- **Attaques sur l'HTTPS** : Downgrade TLS, certificats auto-signés acceptés par l'utilisateur, mélange de contenu en clair (mixed content) exposant le site à l'interception.

3.2. DNS

Le **DNS** (Domain Name System) traduit les noms de domaine en adresses IP.

Vulnérabilités :

- **DNS cache poisoning** : Un attaquant injecte de fausses entrées dans le cache d'un résolveur, redirigeant l'utilisateur vers un faux site.

- **DNS hijacking** : Compromission d'un registrar ou d'une config de zone, détournant le domaine entier.

- **Attaques DDoS via DNS** : Les serveurs DNS peuvent être saturés ou exploités comme amplificateurs de trafic (DNS reflection).

- **Sécurisation** : DNSSEC (signatures des enregistrements) et un paramétrage sûr (limiter la récursion, bloquer les transferts de zone non autorisés).

3.3. SMTP, IMAP, POP3

Les protocoles de **messagerie** sont souvent ciblés :

- **SMTP open relay** : Un serveur mal configuré autorise l'envoi de spam (relay non restreint).

- **Attaques sur la couche Auth** : Collecte d'identifiants via dictionnaire ou phishing, contournement d'authentification SMTP si StartTLS n'est pas forcé.

- **Vol de mails** : Si l'IMAP ou le POP3 ne sont pas chiffrés (pas de TLS), un attaquant sur le même réseau peut capturer les identifiants et lire les messages.

3.4. FTP/FTPS/SFTP

Pour le **transfert de fichiers** :

- **FTP en clair** : Identifiants passant en clair, vulnérable au sniffing et à l'usurpation.

- **FTPS** : FTP sur SSL/TLS, moins vulnérable, mais peut faire l'objet de configurations complexes (problèmes de pare-feu en mode passif/actif).

- **SFTP** (via SSH) : Plus sécurisé, mais dépend du bon usage et du bon paramétrage d'SSH (clés, restrictions).

- **Attaques** : Force brute, liste anonyme, injection de commandes via les paramètres de la commande FTP.

3.5. Autres protocoles notables

- **SSH** (administration à distance) : Risque de brute force si mot de passe faible, usurpation de clés, etc.

- **RDP** (Remote Desktop) : Sur Windows, canal qui peut être exposé par erreur, vulnérable aux attaques par force brute, ou faille type BlueKeep (2019).

- **VoIP (SIP, RTP)** : Risques d'écoute clandestine si pas de chiffrement (SRTP).

  Attaques d'usurpation d'appels, spam vocal, etc.

- **Protocole LDAP** : Sur la couche applicative, l'injection LDAP est possible.

  Et si LDAP n'est pas chiffré (LDAPS), on peut capter les identifiants en clair.

4. Mesures techniques de sécurisation de la couche Application

4.1. Pare-feu applicatif (WAF)

Un **WAF (Web Application Firewall)** analyse le trafic HTTP/HTTPS au niveau applicatif. Il peut bloquer :

- Les patterns d'injection (SQL, XSS) connus.

- Les URL ou paramètres suspects.

- Les requêtes provenant d'user-agents malveillants ou de robots agressifs.

Cependant, un WAF n'est pas une panacée et requiert une **configuration fine** pour éviter les faux positifs et les contournements.

Il est souvent utilisé en complément d'un code applicatif sécurisé.

4.2. Analyses statiques et dynamiques (SAST, DAST)

- **SAST (Static Application Security Testing)** : Analyse du code source pour repérer les failles courantes (injections, buffer overflow, utilisation de fonctions dangereuses).

- **DAST (Dynamic Application Security Testing)** : Tests d'intrusion automatisés en interagissant avec l'application en temps réel, cherchant les vulnérabilités (XSS, injection, etc.).

- **IAST (Interactive Application Security Testing)** : Combinaison des deux, instrumente l'application pour détecter les failles au moment de l'exécution.

4.3. Systèmes de détection d'intrusion (IDS/IPS)

Outre le WAF, des **IDS/IPS** placés plus en profondeur peuvent inspecter le trafic de couche Application et repérer des signatures d'attaques (payload SQL, failles connues, etc.).

Certains modules (par ex. **ModSecurity**) peuvent se brancher directement sur un serveur HTTP (Apache, Nginx) pour inspecter chaque requête.

4.4. Politiques d'authentification et de gestion de session

- **Authentification forte** : Utiliser 2FA (double facteur), Kerberos, certificats, OAuth, etc. pour limiter les risques de vol d'identifiants.

- **Gestion des tokens** : Cookies marqués HttpOnly, Secure, SameSite, rotation régulière.

- **Timeout de session** : Expiration après un délai d'inactivité, renouvellement du token pour les opérations sensibles.

- **Journalisation** : Conserver des logs de connexions, détections d'anomalies (tentatives multiples de login, etc.).

4.5. Politique stricte de configuration SSL/TLS

- **Désactiver SSLv2, SSLv3, TLS 1.0/1.1** si possible, ne laisser que TLS 1.2 ou 1.3.

- **Choisir des suites de chiffrement robustes** (AES-GCM, chiffré authentifié, courbes elliptiques ECDHE pour la confidentialité persistante).

- **HSTS (HTTP Strict Transport Security)** : Force le navigateur à utiliser HTTPS, évitant le downgrading.

- **Certificats valides** : Signés par une autorité de confiance, renouvelés régulièrement, dotés d'une clé suffisante (2048 bits ou plus).

5. Bonnes pratiques de sécurisation côté développement et administration

5.1. Cycle de développement sécurisé (DevSecOps)

- **Shift Left** : Intégrer la sécurité dès les premières phases du développement (conception, architecture).

- **Revue de code** : Vérifier manuellement les parties critiques (authentification, cryptographie, accès BD).

- **Intégration continue** : Coupler les tests de sécurité (SAST, DAST) aux pipelines de build, pour détecter tôt les régressions.

- **Déploiement automatisé** : Scripter les configurations pour éviter les erreurs humaines (infrastructures as code).

5.2. Validation et filtrage des entrées

- **Échappement systématique** (caractères spéciaux, code HTML, etc.) avant de renvoyer la donnée à l'utilisateur.

- **Whitelist** : Plutôt que de filtrer les caractères interdits, autoriser uniquement un ensemble restreint de caractères et de formats.

- **Vérification de type et de format** : Les champs numériques doivent être imposés comme tels, les adresses e-mail validées via des Regex contrôlées, etc.

- **Contrôle d'upload** : Limiter la taille, vérifier l'extension, analyser le fichier avec un antivirus.

5.3. Principe du moindre privilège

- **Séparation des comptes** : L'application ne devrait pas se connecter à la base de données avec un compte "root" ou superutilisateur.

  On crée un compte SQL avec les droits strictement nécessaires.

- **Isolation des services** : Si un composant est compromis (ex. microservice), il ne doit pas pouvoir accéder à tous les autres.

  On utilise du firewalling, des ACL réseau, etc.

- **Chroot ou containers** : Exécuter les serveurs applicatifs dans un environnement cloisonné (Docker, chroot, VM) limite la propagation en cas de faille.

5.4. Maintenance et gestion des vulnérabilités

- **Mises à jour** : S'assurer que le CMS (WordPress, Drupal, etc.), le framework (Django, Laravel, Spring, etc.) et toutes les bibliothèques sont patchés en cas de vulnérabilité publique **et vite.**

- **CVE tracking** : Suivre les CVE (Common Vulnerabilities and Exposures) liées aux composants utilisés.

- **Bug bounty** : Certaines entreprises encouragent les chercheurs en sécurité à signaler les failles par un programme de récompense.

- **Rotation des secrets** : Ne pas conserver les clés API, mots de passe, certificats trop longtemps. Les renouveler périodiquement.

6. Contrôles de sécurité, audits et tests d'intrusion

6.1. Méthodologie d'audit

Un **audit de la couche Application** comprend plusieurs étapes :

1. **Recensement** : Découvrir toutes les applications, sous-domaines, endpoints d'API, services exposés.

2. **Cartographie** : Identifier les flux de données (qui appelle quoi), l'authentification, la logique métier.

3. **Analyse de configuration** : Vérifier la présence d'HTTPS forcé, le paramétrage TLS, la structure des sessions, etc.

4. **Tests de vulnérabilités** : Recherche d'injections, XSS, mauvaise configuration, divulgation d'informations, etc.

5. **Recommandations** : Rédiger un plan d'action priorisé pour corriger les failles détectées.

6.2. Tests d'intrusion manuels (Pentests)

Les **pentests** complets vont au-delà des scanners automatiques. Un expert va :

- **Chercher les failles logiques** (ex. contourner une validation, forcer l'accès à un compte).

- **Tester des scénarios complexes** (phase d'authentification, gestion concurrente des sessions, escalade de privilèges, etc.).

- **Analyser la robustesse** de la configuration TLS, la gestion des cookies, la persistance des sessions en cas de failover.

- **Tenter d'exploiter** les éventuelles vulnérabilités trouvées pour prouver l'impact.

6.3. Outils automatisés (scanners)

- **OWASP ZAP** : Scanner open source pour tester les applications Web.

- **Burp suite** : Très utilisé pour l'analyse interactive, le fuzzing, la répétition de requêtes.

- **Nessus, OpenVAS** : Plus généralistes, scannent l'infrastructure et les applications pour des vulnérabilités connues.

6.4. Surveillance en production

- **Logs applicatifs** : Enregistrer les accès, les requêtes anormales, les erreurs.

  Ces journaux doivent être centralisés et corrélés (SIEM).

- **Alertes en temps réel** : Surveiller le nombre de requêtes 404, de tentatives de login, de codes d'erreur 5xx...

- **Analyse comportementale** : Détecter des pics inhabituels, des patterns offensifs (scan massif, injection en rafale, IP suspectes).

7. Cas pratiques : panorama d'attaques et de défenses

7.1. Exemple d'attaque web (injection SQL sur un site e-commerce)

1. **Découverte** : L'attaquant teste les champs du formulaire de recherche en entrant %' OR '1'='1.

2. **Faute de validation** : La requête SQL n'est pas échappée correctement, renvoie la liste complète des produits ou, pire, révèle les tables.

3. **Escalade** : L'attaquant modifie la requête pour extraire les informations clients, les mots de passe hachés, etc.

4. **Extraction** : Au final, la base clients (avec emails, adresses, numéros de cartes) fuit, entraînant un préjudice économique et d'image pour l'entreprise.

Contre-mesures :

- Utiliser des requêtes préparées (paramétrées) au lieu de concaténer des strings.

- Valider et échapper toute entrée utilisateur.

- Détecter et bloquer les requêtes suspectes via un WAF.

- Segmenter la base de données pour limiter l'impact en cas de compromission.

7.2. Exploitation d'une API REST non protégée

1. **Recherche** : L'attaquant découvre un endpoint /api/users/ qui renvoie toutes les informations des utilisateurs (y compris le champ isAdmin).

2. **Test de modification** : Il tente un PUT ou un PATCH sur son propre compte, plaçant "isAdmin": true. L'API n'a pas de contrôle d'autorisation granulaire.

3. **Résultat** : L'utilisateur se retrouve avec les droits admin, accédant à d'autres endpoints critiques.

4. **Conséquences** : Vol massif de données, sabotage de configurations, etc.

Contre-mesures :

- Implémenter un contrôle d'accès vertical et horizontal (RBAC, ABAC).

- Utiliser un schéma strict (JSON Schema) et rejeter tout champ inattendu.

- Logger et alerter tout changement sensible.

- Mettre en place un rate limiting pour éviter le brute force et limiter la découverte d'endpoints.

7.3. Phishing ciblé et vol d'identifiants

1. **Mail frauduleux** : L'attaquant envoie un e-mail semblant provenir de la direction, demandant de se connecter sur un portail interne factice.

2. **Site contrefait** : Le site ressemble exactement à l'application interne légitime, mais l'URL est un léger homographe (ex. portail-entrepr1se.com au lieu de portail-entreprise.com).

3. **Recueil des mots de passe** : Les victimes se connectent, l'attaquant stocke leurs identifiants.

4. **Connexion** : L'attaquant se rend alors sur le vrai portail et agit sous l'identité de ces comptes.

Contre-mesures :

- Sensibilisation régulière du personnel, campagnes anti-phishing.

- Mise en place d'une authentification multi-facteur.

- Vérifications de certificat TLS (certificat EV, blocage des sites faux dans le proxy).

- Politique de blocage des URL malveillantes (filtrage DNS, blacklists).

8. Approche organisationnelle et gouvernance

8.1. Politiques de sécurité et charte

- **Chartes d'utilisation** : Clarifier ce qui est autorisé ou non.

  Inciter les utilisateurs à ne pas partager leurs identifiants, à vérifier l'URL avant de se connecter.

- **Politiques d'accès** : Définir clairement les droits de chaque profil, la nécessité d'une authentification forte pour les opérations sensibles (ex. transactions bancaires, accès au back-office).

- **Plan de réponse aux incidents** : Savoir comment réagir en cas de découverte d'une faille applicative ou d'une fuite de données, qui contacter, comment isoler l'application concernée.

8.2. Formation et sensibilisation

- **Développeurs** : Leur faire connaître l'OWASP Top Ten (principales failles web), les patterns sécurisés (ORM, validations, escapes).

- **Administrateurs système** : Les former à l'usage sûr d'SSH, la configuration TLS, la segmentation réseau.

- **Utilisateurs** : Prévention du phishing, gestion des mots de passe, usage correct des applications (ne pas réutiliser de vieux mots de passe, etc.).

8.3. Responsabilités légales et conformité

- **RGPD (Règlement Général sur la Protection des Données)** : En Europe, obligation de sécuriser les données personnelles (pseudonymisation, chiffrement, etc.).

- **Hébergeur** : Les contrats d'hébergement peuvent exiger un certain niveau de protection, ou imposer des pénalités en cas de brèche.

- **Standards secteur** : PCI-DSS pour les paiements, HIPAA pour la santé (États-Unis), etc. Chacun exige des mesures de sécurité spécifiques à la couche Application.

9. Perspectives d'avenir et tendances

9.1. Sécurité "by design" et privacy

De plus en plus de projets adoptent une démarche "Secure by Design" :

- **Dès la phase d'architecture** : On intègre le chiffrement des données en repos, la séparation des tenants (multi-tenant), la gestion de logs en temps réel.

- **Privacy by default** : Minimisation des données collectées, usage de techniques d'anonymisation.

9.2. Montée en puissance de l'automatisation

- **CI/CD** : Les pipelines DevOps intègrent des solutions de SAST/DAST/IAST permettant de repérer les failles rapidement, à chaque commit ou à chaque build.

- **IaC (Infrastructure as Code)** : Terraform, Ansible, etc.

  L'idée est d'avoir une configuration reproductible et versionnée, limitant les erreurs manuelles.

- **Machine Learning** : Certains WAF/IPS s'appuient sur des algorithmes de ML pour détecter les anomalies ou l'usage inhabituel d'une API.

9.3. Zero Trust et micro-segmentation

Les architectures Zero Trust amènent le principe que **toute requête** doit être considérée comme potentiellement hostile, même à l'intérieur du réseau.

On retrouve ainsi :

- **Micro-segmentation** : Chaque microservice est isolé, toute communication est soumise à une authentification mutuelle et des politiques de chiffrement.

- **API Gateways** : Contrôlent la sécurité, la charge, l'authentification, et fournissent un monitoring centralisé.

10. Conclusion

La **couche Application** est l'ultime frontière où se rencontrent l'utilisateur et l'infrastructure réseau.

C'est là que les données sensibles circulent, que les transactions s'opèrent, que l'intelligence métier s'exécute.

Par conséquent, c'est aussi un **champ de bataille** majeur pour la sécurité :

- Les **attaques** peuvent prendre la forme d'injections, de phishing, de vols de session, de DDoS applicatif, de faille logique dans la gestion des droits, etc.

- Les **enjeux** sont considérables : vol de données personnelles, sabotage, chantage, fraude financière, atteinte à la réputation.

- Les **contre-mesures** sont multiples et s'organisent à différents niveaux : code sécurisé (validation des entrées, requêtes paramétrées), protections techniques (WAF, TLS, authentification forte), surveillance (logs, SIEM), et dispositifs organisationnels (politiques, formations, audits).

Il est donc impensable, pour une organisation, de se reposer uniquement sur un pare-feu réseau ou sur des fonctionnalités de la couche Transport pour être "en sécurité".

La modernisation des usages (API REST, microservices, conteneurs, cloud) n'a fait qu'augmenter la surface d'attaque potentielle.

Ainsi, la sécurisation de la couche Application doit s'inscrire dans une **démarche globale**, associant :

1. **Une architecture bien pensée** : Séparation des rôles, principe du moindre privilège, cloisonnement des environnements (production, test).

2. **Des pratiques de développement rigoureuses** : Revue de code, frameworks sécurisés, tests automatisés, correctifs rapides.

3. **Des contrôles et des audits** : Pentests réguliers, scanners de vulnérabilités, WAF, IDS/IPS, logs centralisés, alertes en temps réel.

4. **Une culture de la sécurité** : Sensibilisation des développeurs, des administrateurs et des utilisateurs, mise à jour en continu, partage de menaces et d'indicateurs.

En conjuguant l'ensemble de ces approches, on parvient à construire un écosystème applicatif résilient, capable de faire face aux menaces courantes et d'anticiper les évolutions du paysage de la cybersécurité.

On clôt ainsi l'étude de la **dernière couche** du modèle OSI, tout en rappelant qu'aucune couche ne peut être négligée.

La sécurité est un travail transversal impliquant une protection rigoureuse à chaque étage, de la couche Physique jusqu'à la couche Application, sans oublier la dimension humaine et organisationnelle qui les enveloppe toutes.

Le mot de la fin

Toute l'architecture du modèle OSI repose sur un principe directeur : **diviser pour mieux régner**.

En séparant la communication en sept couches logiques (Physique, Liaison de données, Réseau, Transport, Session, Présentation et Application), il devient plus facile d'identifier les responsabilités de chacune, de réfléchir aux vulnérabilités propres à chaque palier et de déployer les mécanismes de sécurité de façon cohérente.

Pourtant, cette division est purement conceptuelle, dans la réalité, la moindre brèche à un niveau peut compromettre la sûreté de l'ensemble.

Assurer la protection d'une infrastructure ou d'un service requiert donc une **défense en profondeur**, dans laquelle on traite méthodiquement chaque couche pour aboutir à un édifice résilient.

Je le rappelle, ce livre ne pas remplacer le travail d'expertise et d'adaptation au contexte de votre organisation tel que le ferai un expert dédié à la sécurisation de votre Système d'Information.

Nous avons abordé dans ce livres les bases de la Cybersécurité que se doivent de connaitre les architectes des systèmes d'information afin de pouvoir communiquer avec leurs pairs et de réaliser au mieux leur mission.

N'hésitez pas à visiter le site DYNAMAP SI qui déborde de ressources afin de rendre votre SI plus efficient :

www.dynamap.fr

Yann-Eric DEVARS – Fondateur Solve DSI